JN069799

だれにでも5時間でできる15の発音ルール

新ゼロからスタート 中国語

CD
2枚付
音声ダウンロード付

発音編

王 丹
Wang Dan

Jリサーチ出版

は じ め に

　本書は、中国語の発音を身につけるための入門書です。中国語を勉強する以上、正確できれいな発音で話してみたい——そんな想いを持つすべての読者の方を対象としています。また、中国語を使って仕事をする方にも役立つ一冊となっています。

15の「発音公式」で効率的にマスター

　ご存じのように、中国語の発音はバリエーションが多く、また四声と呼ばれるイントネーション（声調）があるため、音の種類やアップダウンが少ない日本語と比べると、どうしても少し難しく感じられてしまいます。

　本書では、そうした難しさを少しでも緩和して、より確実に発音をマスターできるようにさまざまな工夫をしています。

　第1部の「発音基礎編」では、中国語発音の単位となる母音と子音を小分けにして紹介しています。構成は「声調（四声）」→「単母音」→「子音」→「複合母音」→「鼻母音」として、音をより身につけやすい流れにしました。また、音をグループ化して、15の「発音公式」にまとめ、シンプルに学べるようにしています。

　やや退屈な発音学習において、挫折することなく、スムーズにステップアップしていくことができるでしょう。

多彩な発音練習で、通じる中国語が話せるようになる

　発音の学習では、発音のルールを把握することがもちろん必要です。しかし、もっと大事なのはそのルールを理屈で理解するだけでなく、それに基づいてどうやって自分で発音として表現できるかです。自分で発音できるようになるためには、たくさんの例に触れ、反復練習をするしかありません。

　本書の特徴として、まず4つの声調を覚えて、その後、母音と子音を身につけていく中で、それぞれの母音・子音を声調と組み合わせて練習できるようになっています。声調のすべての組み合わせを細かく分類して組み込んであるので、合理的かつ効率的に中国語の多彩な発音が身につきます。

あいさつや日常会話も身につく

　第2部・第3部の「発音トレーニング」コーナーでは、日常生活で使う頻度の高い単語と会話表現を練習できるようになっています。

　あいさつや簡単な会話をしてみたいと考えている読者の方々にもお勧めしたい内容です。ややこしい文法や文型を介することなく、必須表現を自然に身につけることができます。発音練習のついでにあいさつや簡単な会話もできるようになる、まさに一石二鳥の一冊です。

　この本を上手に活用して、きれいな発音でしっかり通じる中国語を身につけてください。

著者

新ゼロからスタート中国語
発音編｜もくじ

第1部 発音基礎編 ……………………………………………… 13

本書の利用法

本書は中国語の発音をゼロから身につけるための一冊です。発音のしかたをイラストを交えながらわかりやすく説明し、豊富な発音練習ができるようになっています。

第1部 発音基礎編

第1部は発音の基本を学ぶコーナーです。15の「発音公式」をひととおり身につけるのは最短5時間で可能です。

●発音公式
中国語の声調・発音のバリエーションを15に分類して紹介します。効率的に、スピーディーに学ぶことができます。

●トラック番号
CD・ダウンロード音声のトラック番号を示します（無料ダウンロードのしかたは8ページ参照）。

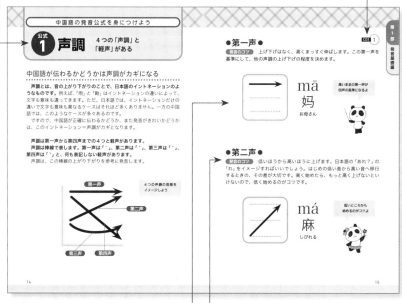

●音・口の図
発音のメカニズムを理解するために、口の形、舌の位置などをイラストで示します。「声調」では4つの声調の音のイメージを示します。

●発音のコツ
どうやってその音を出すのかを、日本語との比較もしながら、だれでもできるように解説します。

第2部 発音トレーニング　単語編

第2部は単語レベルの発音練習をするコーナーです。「数字」「外来語」「四声の組み合わせ」「日本の地名・人名」「中国の地名・人名」など、多彩な内容で飽きずに練習することができます。

第3部 発音トレーニング　フレーズ編

第3部はフレーズレベルの発音練習をするコーナーです。2〜5字の日常会話フレーズを練習します。記入欄も設けてあり、聞いて書く練習をすることによって、発音と一緒に簡体字を身につけることができます。

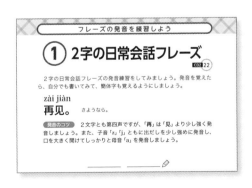

音声ダウンロードのしかた

STEP 1 商品ページにアクセス！　方法は次の3通り！

❶
QRコードを読み取ってアクセス。

ダイレクトにアクセス！

❷
https://www.jresearch.co.jp/book/b577366.html
を入力してアクセス。

ダイレクトにアクセス！

❸
Jリサーチ出版のホームページ (https://www.jresearch.co.jp/) にアクセスして、「キーワード」に書籍名を入れて検索。

ホームページから商品ページへ

STEP 2 ページ内にある「音声ダウンロード」ボタンをクリック！

STEP 3 ユーザー名「1001」、パスワード「25168」を入力！

STEP 4 音声の利用方法は2通り！
学習スタイルに合わせた方法でお聴きください！

❶
「音声ファイル一括ダウンロード」より、ファイルをダウンロードして聴く。

❷
▶ボタンを押して、その場で再生して聴く。

※ダウンロードした音声ファイルはパソコン・スマートフォンなどでお聴きいただくことができます。一括ダウンロードの音声ファイルは .zip 形式で圧縮してあります。解凍してご利用ください。ファイルの解凍が上手く出来ない場合は、直接の音声再生も可能です。

音声ダウンロードについてのお問い合わせ先
toiawase@jresearch.co.jp（受付時間：平日9時〜18時）

まず中国語について知ろう

中国語の発音を学ぶ前に、中国語がどんな言葉なのか、その特徴を知っておきましょう。

中国語とはどんな言葉？

中国語は中国の人口の90パーセント以上を占める最大の民族である漢民族の言語を指します。国土が広い中国では、同じ漢民族でも地域によってさまざまな方言が存在します。関西弁のようにイントネーションは違っても意味が通じる方言もあれば、津軽弁のように部外者にはまったく意味のわからない方言もあります。

標準語は全国共通

同じ漢民族とは言ってもさまざまな方言がある中では、中国全土どこでもコミュニケーションが取れる言語、いわゆる「標準語」が必要となってきます。人々は学校や病院、政府機関など公の場で標準語を使用する一方、プライベートでは方言を使用するというふうに使い分けをしています。

大雑把に言うと、長江（揚子江）を境にして、北部地域の発音は標準語に近く、南部地域の方言の発音は標準語とはまったく異っていて、まるで別の国の言語のようなものです。

漢字の数が多い

中国では、中国語のことは「漢語」と呼ばれています。その「漢語」に使用される文字が「漢字」です。日本語の大部分の漢字は朝鮮半島を経て日本に伝わってきました。日本語の中で漢字が占める割合は3割程度であるのに対して、中国語はすべてが漢字です。

というわけで、中国人は漢字の読み書きに多大な労力を費やさなければならず、大きな負担ともなっています。

簡略化された簡体字

　より簡単に楽に漢字を書けるように、中国は画数の多い一部の漢字の画数を減らして、新しい漢字を作り出すという取り組みを行ってきました。それを「簡体字」と呼びます。

　日本の漢字と比較してみましょう。

中国の簡体字	日本の漢字
汉	漢
语	語
简	簡
龙	龍
头	頭

主な簡体字のルール

　簡体字には次のようなルールがあります。

①部首の画数を減らす

門	→	门
言	→	讠
馬	→	马
貝	→	贝
食	→	饣

②漢字の一部分だけを残す

習	→	习
飛	→	飞
雲	→	云
開	→	开
類	→	类

③漢字の画数を大幅にカットする

億	→	亿
葉	→	叶
衛	→	卫
機	→	机
異	→	异

　簡体字はあくまでも一部の漢字であって、日本語とまったく同じ漢字もたくさんあります。まず法則性のある簡体字から覚えていくのがいいでしょう。

一字一音が原則

　中国語では、基本的に１つの文字に１つの発音が対応しています。そこで、１つの文字の発音を覚えておくと、どの場面でもその通り読めばいいということになります。もちろん、例外もあって、１つの文字に２つ以上の発音があるものは「多音字」と呼ばれます。
　初級中国語の範囲では、「多音字」の数は５つほどです。この点においては、音読みと訓読みがある日本語よりずいぶん楽と言えます。

発音のポイント

　中国語の発音の練習に入る前に、発音のポイントを頭に入れておきましょう。

中国語の発音について

　中国語の発音は「拼音」（ピンイン）と呼ばれる発音記号で表示されます。ピンインは「子音」「母音」「声調」の３つの部分でできています。これが１つの文字の発音で、１つの音節と呼ばれます。

　ローマ字入力の方法で例えるとわかりやすいかもしれません。例えば、「わたし」はローマ字入力だと、「WATASHI」となります。「W」「T」「SH」は子音で、「A」「A」「I」は母音です。ローマ字の文字数と関係なく、１つの音節は１拍という速さで発音するのが一般的です。

子音について

　中国語の子音は全部で21あります。基本的に子音が先で、母音が後とう順番となっています。しかし、少数ではありますが、子音がなく、母音だけでできている音節もあります。

母音について

　母音には「単母音」「複合母音」「鼻母音」があります。中国語の発音の特徴の１つは母音が多いということです。５つの母音しかない日本語に対して、中国語の母音は全部で36あります。母音が多いということは音のバリエーションが豊富であるということです。

第**1**部

5時間でマスターできる

発音基礎編

中国語の発音の基礎を学んでいきましょう。「四声」
→「単母音」→「子音」→「複合母音」→「鼻母音」
という順番で身につけていきます。それぞれの発音
のしくみを知って、しっかり練習しましょう。中国
語の発音を効果的に身につける多彩な練習プログラ
ムが組み込まれています。

CD1 **1** 〜 CD1 **79**

発音例の音声にはポーズが設けてあります。ネイティブ音声を真似て
自分でも声に出して発音しましょう。
＊クイズ形式の練習問題にはポーズはありません。

中国語の発音公式を身につけよう

公式 1 声調　4つの「声調」と「軽声」がある

中国語が伝わるかどうかは声調がカギになる

　声調とは、音の上がり下がりのことで、日本語のイントネーションのようなものです。例えば、「雨」と「飴」はイントネーションの違いによって、文字も意味も違ってきます。ただ、日本語では、イントネーションだけの違いで文字も意味も異なるケースはそれほど多くありません。一方の中国語では、このようなケースが多々あるのです。

　ですので、中国語が正確に伝わるかどうか、また発音がきれいかどうかは、このイントネーション＝声調がカギとなります。

　声調は第一声から第四声までの4つと軽声があります。
　声調は棒線で表します。第一声は「 ˉ 」、第二声は「 ´ 」、第三声は「 ˇ 」、第四声は「 ` 」、そして何も表記しない軽声があります。
　声調は、この棒線の上がり下がりを参考に発音します。

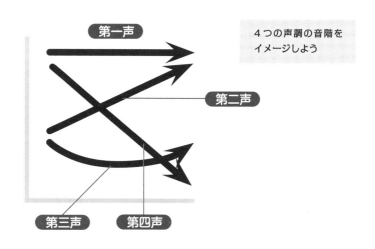

4つの声調の音階をイメージしよう

第一声

第二声

第三声　第四声

●第一声●

発音のコツ 上げ下げはなく、高くまっすぐ伸ばします。この第一声を
基準にして、他の声調の上げ下げの程度を決めます。

mā
妈

お母さん

高いままの第一声が
四声の基準になるよ

●第二声●

発音のコツ 低いほうから高いほうに上げます。日本語の「あれ？」の
「れ」をイメージすればいいでしょう。はじめの低い音から高い音へ移行
するときの、その差が大切です。高く始めたら、もっと高く上げないとい
けないので、低く始めるのがコツです。

má
麻

しびれる

低いところから
始めるのがコツよ

●第三声●

(発音のコツ)　最初から低く抑え気味で発音します。最初から最後まで低く抑えて、決して上げようとしないことがポイントです。表記の棒線は「ˇ」となっているので、ついつい下げてから元に戻そうと思ってしまいがちですが、音の上がり下がりの変化はあまり大きくありません。

最後まで低く
抑えるのがコツだよ

mǎ
马
馬

●第四声●

(発音のコツ)　高い音からストンと下げるように発音します。カラスの鳴き声をイメージしてください。あたまから急激に下げるように発音するのが、まさにカラスの「カー」の鳴き声そのものです。

高いところから急に
下げるように発音しよう

mà
骂
しかる

⚠ 第三声と第四声の違い

　第三声は最初から最後まで低い音です。第四声ははじめの高い音から低い音ヘストンと下げる音です。

●軽声●　軽声は軽く、短く発音します。　ma 吗 〜ですか

超かんたん！ 発音エクササイズ

練習① 声調の基本　　　　　　　　　　CD1 2

次の2つの音声について、声調の練習をしてみましょう。

第一声	第二声	第三声	第四声	軽声
ā	á	ǎ	à	a
ū	ú	ǔ	ù	u

練習② さまざまな単語と声調　　　　　　CD1 3

4つの声調の代表的な単語で、発音の練習をしてみましょう。

第一声	第二声	第三声	第四声
tāng	táng	tǎng	tàng
汤	糖	躺	烫
（スープ）	（砂糖）	（横たわる）	（熱い）
wū	wú	wǔ	wù
屋	无	舞	雾
（部屋）	（ない）	（舞踊）	（霧）
shēng	shéng	shěng	shèng
声	绳	省	胜
（声）	（縄）	（省く）	（勝つ）
yāo	yáo	yǎo	yào
腰	摇	咬	要
（腰）	（揺れる）	（咬む）	（要る）
xī	xí	xǐ	xì
西	席	洗	细
（西）	（座席）	（洗う）	（細い）

　中国語の声調がどれほど大事であるかは、これらの例でおわかりになっていただけたかと思います。

CD1 4

音声を聞いて、音声と一致する声調を選んでみましょう。

① 再见 （さようなら）

(A) 第一声＋第四声 　　(B) 第四声＋第三声 　　(C) 第四声＋第四声

② 谢谢 （ありがとう）

(A) 第一声＋軽声 　　(B) 第四声＋軽声 　　(C) 第三声＋軽声

③ 啤酒 （ビール）

(A) 第二声＋第二声 　　(B) 第二声＋第三声 　　(C) 第二声＋第四声

④ 小笼包 （ショウロンポウ）

(A) 第三声＋第二声＋第二声 　　(B) 第三声＋第二声＋第一声

⑤ 回锅肉 （ホイコーロー）

(A) 第二声＋第一声＋第四声 　　(B) 第二声＋第四声＋第四声

⑥ 乌龙茶 （ウーロン茶）

(A) 第一声＋第二声＋第三声 　　(B) 第一声＋第二声＋第二声

練習 ③ 正解

① - (C) 　② - (B) 　③ - (B) 　④ - (B) 　⑤ - (A) 　⑥ - (B)

中国語の発音公式を身につけよう

公式 2　単母音　単母音は7つ。母音の基礎になる

中国語の単母音は全部で7つあります。この7つの単母音は母音の基本となっているので、しっかり身につけておきましょう。

CD1 5

a

発音のコツ

喉の奥を意識して、日本語の「あ」と同じように発音します。

o

発音のコツ

基本的に日本語の「お」の発音ですが、やや口を突き出して発音します。

19

発音のコツ

無意識に開けた口の形で、喉の奥から発音をします。舌をそらせないこと。

発音のコツ

日本語の「い」と同じ要領で発音します。

発音のコツ

口の形は日本語の「ふ」と同じで、口の先の部分から日本語の「う」と発音
します。

 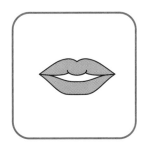

〔発音のコツ〕
舌先を下の歯の裏に付け、口笛を吹くときの口の形をして、唇に力を入れることを意識して発音します。

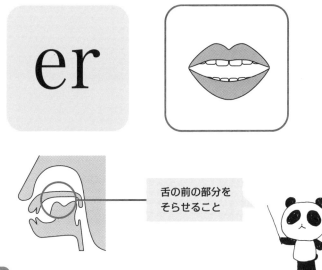

舌の前の部分を
そらせること

〔発音のコツ〕
舌の前の部分をそらせながら、喉の奥から発音します。

❗ パソコンで中国語ソフトを使ってピンインを入力する場合、「ü」には「v」を割り当てます。

声調を意識しながら、単母音の発音練習をしてみましょう。

ā	á	ǎ	à
ō	ó	ǒ	ò
ē	é	ě	è
ī	í	ǐ	ì
ū	ú	ǔ	ù
ǖ	ǘ	ǚ	ǜ
ēr	ér	ěr	èr

ピンインのルール

ピンインの付け方には次のようなルールがあります。

①声調は必ず母音の上に付けます。

②「i」の上に付ける場合、「・」をなくします。

③「er」の上に付ける場合、「e」の上に付けます。

④「i」「u」「ü」の書き換え

単母音の「i」「u」「ü」はピンイン表記上、書き換えます。〈子音・母音〉という形にするために書き換えが必要なのです。

i → yi　u → wu　ü → yu と書き換えます。例を挙げてみましょう。

　「一」の発音は「i」、ピンイン表記では「yī」

　「五」の発音は「u」、ピンイン表記では「wǔ」

　「鱼」の発音は「ü」、ピンイン表記では「yú」

子音の基本

　子音は全部で21音あります。子音だけでは音を出せないため、母音と一緒に発音の練習をします。カッコ内が母音です。中国では、小学校に入学したら、まず次の子音の表からピンインの勉強を始めます。

	無気音	有気音	それ以外の音	
両唇音 りょうしんおん	b (o)	p (o)	m (o)	
唇歯音 しんしおん			f (o)	
舌尖音 ぜっせんおん	d (e)	t (e)	n (e)	l (e)
舌根音 ぜっこんおん	g (e)	k (e)	h (e)	
舌面音 ぜつめんおん	j (i)	q (i)	x (i)	
そり舌音 じたおん	zh (i)	ch (i)	sh (i)	r (i)
舌歯音 ぜっしおん	z (i)	c (i)	s (i)	

無気音と有気音の違い

　子音の中には無気音と有気音があります。文字通り気があるかないか、息（気）を出すか出さないかの違いです。**無気音は音を強めに出します。有気音は息を音より一瞬先に出します。**日本語の「ga」（無気音）と「ka」（有気音）の違いをイメージしてみましょう。

　初めのうちは、有気音では少し大げさに息を出すように意識して発音してみましょう。だんだん慣れてくると、自然に発音できるようになるので心配はいりません。

公式 **3** 両唇音【b / p / m】 唇歯音【f】

両唇音とは？

上下の唇を閉じた位置から発音するので「両唇音」と呼びます。
「b」「p」「m」はともに、唇をしっかり閉じた状態から発音しましょう。

CD1 7

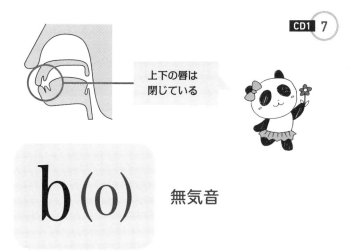

上下の唇は
閉じている

b (o) 無気音

発音のコツ 上下の唇を閉じ、やや力を入れ、その状態から発音します。
日本語の「ブ」とほぼ同じです。

p (o) 有気音

発音のコツ 上下の唇を軽く閉じ、口中の空気を吹き出すイメージで発
音します。日本語の「プ」とほぼ同じです。

m(o)

発音のコツ　上下の唇を軽く閉じた位置から発音します。日本語の「モォ」とほぼ同じです。

唇歯音とは？

下唇が上の歯に触れるので「唇歯音」と呼びます。

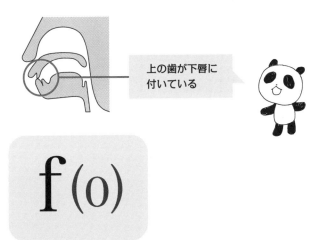

上の歯が下唇に付いている

f(o)

発音のコツ　「f」は、上の歯が自然な感じで下唇の内側に触れるようにして発音しましょう。日本語の「フ」は上の歯が下唇の内側に触れないので、その違いに気をつけましょう。

超かんたん！ 発音エクササイズ

声調を意識しながら、両唇音と唇歯音の発音練習をしてみましょう。

bō	bó	bǒ	bò
pō	pó	pǒ	pò
mō	mó	mǒ	mò
fō	fó	fǒ	fò

無気音と有気音を意識しながら、両唇音の発音練習をしてみましょう。

（無気音）	（有気音）
ba	pa
bo	po
bi	pi
bu	pu

練習 ③　単母音との組み合わせ　CD1 10

「b」「p」「m」「f」の子音と単母音の組み合わせを練習しましょう。

ba	bā 八	bá 拔	bǎ 把	bà 爸
bi	bī 逼	bí 鼻	bǐ 笔	bì 必
pa	pā 趴	pá 爬		pà 怕
po	pō 坡	pó 婆		pò 破
ma	mā 妈	má 麻	mǎ 马	mà 骂
mi	mī 咪	mí 迷	mǐ 米	mì 蜜
fa	fā 发	fá 罚	fǎ 法	fà 发
fu	fū 夫	fú 福	fǔ 府	fù 父

(注):「发」は多音字です。

CD1 11

次の漢字の音声と一致するピンインを選んでみましょう。

① **帕**　　(A) bà　　　(B) pà　　　(C) bǎ

② **泊**　　(A) pō　　　(B) pū　　　(C) bō

③ **密**　　(A) mì　　　(B) bì　　　(C) pì

④ **佛**　　(A) fú　　　(B) bó　　　(C) fó

⑤ **皮**　　(A) pí　　　(B) bí　　　(C) mí

⑥ **服**　　(A) fū　　　(B) fú　　　(C) bú

練習④　正解
①-(B)　②-(A)　③-(A)　④-(C)　⑤-(A)　⑥-(B)

中国語の発音公式を身につけよう

公式 4 舌先音【d / t / n / l】

舌先音とは？

舌先を上の歯の裏に付けるので舌先音と呼びます。
舌先を軽く上の歯の裏に付けた状態から発音します。

CD1 12

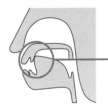

舌先を上の歯の
裏に付けてね

$$d(e)$$ 無気音

【発音のコツ】 舌先にやや力を入れた状態から発音します。日本語の「デァ」と同じ要領です。

$$t(e)$$ 有気音

【発音のコツ】 舌先を軽く上の歯の裏に付けた状態で、舌先から息を出します。日本語の「テァ」と同じ要領です。

$$n(e)$$

【発音のコツ】 舌先を軽く上の歯の裏に付けた状態から息を出さずに発音します。日本語の「ナ」と同じ要領です。

$$l(e)$$

【発音のコツ】 舌先を軽く上の歯の裏に付けた状態から発音します。日本語の「ラ」と同じ要領です。

超かんたん！ 発音エクササイズ

CD1 13

練習① 四声

声調を意識しながら、舌先音の発音練習をしてみましょう。

dē	dé	dě	dè
tē	té	tě	tè
nē	né	ně	nè
lē	lé	lě	lè

CD1 14

練習② 無気音と有気音

無気音と有気音を意識しながら、舌先音の発音練習をしてみましょう。

（無気音）	（有気音）
da	ta
de	te
di	ti
du	tu

練習③ 単母音との組み合わせ

「d」「t」の子音と単母音の組み合わせを練習しましょう。

da	dā 搭	dá 达	dǎ 打	dà 大
tu	tū 突	tú 图	tǔ 土	tù 兔
di	dī 低	dí 敌	dǐ 底	dì 弟
ti	tī 踢	tí 提	tǐ 体	tì 替

練習④ ピンインの選択

次の漢字の音声と一致するピンインを選んでみましょう。

① 徒　(A) dú　(B) pú　(C) tú

② 乐　(A) lì　(B) dè　(C) lè

③ 德　(A) dé　(B) lé　(C) té

④ 拉　(A) tā　(B) lā　(C) dā

⑤ 特　(A) tè　(B) lè　(C) dè

⑥ 度　(A) tù　(B) dù　(C) lù

練習④ 正解　①-(C)　②-(C)　③-(A)　④-(B)　⑤-(A)　⑥-(B)

公式 5 舌根音【g / k / h】
ぜっこんおん

舌根音とは？

舌の根元の位置が大切なので舌根音と呼びます。
喉の奥から発音するのがポイントです。

CD1 17

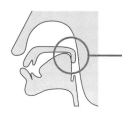

g と k は舌の根元が
上あごの奥に付く。
h は舌の根元が上あ
ごの奥に近づくが付
かない

g(e) 無気音

発音のコツ 喉の奥から発音します。日本語の「ガ」と同じ要領ですが、口をあまり大きく開けません。

k(e) 有気音

発音のコツ 喉の奥から息を出しながら発音します。日本語の「カ」と同じ要領ですが、口をあまり大きく開けません。

h(e)

発音のコツ やさしく、そっと発音します。

超かんたん！　発音エクササイズ

練習① 四声

CD1 18

声調を意識しながら、舌根音の発音練習をしてみましょう。

gē	gé	gě	gè
kē	ké	kě	kè
hē	hé	hě	hè

練習② 無気音と有気音

CD1 19

無気音と有気音を意識しながら、舌根音の発音練習をしてみましょう。

（無気音）	（有気音）
ga	ka
ge	ke
gu	ku

CD1 20

(練習③　単母音との組み合わせ)

「g」「k」「h」の子音と単母音の組み合わせを練習しましょう。

	gē	gé	gě	gè
ge	哥	革	葛	各
	kē	ké	kě	kè
ke	科	壳	可	克
	hū	hú	hǔ	hù
hu	呼	湖	虎	户

CD1 21

(練習④　ピンインの選択)

次の漢字の音声と一致するピンインを選んでみましょう。

① 古　　(A) kǔ　　(B) gǔ　　(C) dǔ

② 和　　(A) ké　　(B) gé　　(C) hé

③ 课　　(A) kè　　(B) dè　　(C) tè

④ 卡　　(A) dǎ　　(B) kǎ　　(C) tǎ

⑤ 哭　　(A) kū　　(B) gū　　(C) hū

⑥ 个　　(A) kè　　(B) gè　　(C) hè

(練習④　正解)　①－(B)　②－(C)　③－(A)　④－(B)　⑤－(A)　⑥－(B)

公式6 舌面音【j / q / x】

ぜつ めん おん

舌面音とは？

舌先を下の歯の裏に当てて発音する音です。
舌先に少し力を入れて、j は「ジー」、q は「チー」、x は「シー」
と日本語と同じ要領で発音します。

CD1 22

舌先を下の歯の裏に当ててね

j (i)　無気音

発音のコツ　「j」は無気音です。音を強めに出します。

q (i)　有気音

発音のコツ　「q」は有気音です。息を音より一瞬先に出します。

x (i)

発音のコツ　「x」は「シー」と日本語と同じ要領で発音します。

CD1 23

練習① 四声

声調を意識しながら、舌面音の発音練習をしてみましょう。

jī	jí	jǐ	jì
qī	qí	qǐ	qì
xī	xí	xǐ	xì

CD1 24

練習② 無気音と有気音

無気音と有気音を意識しながら、舌面音の発音練習をしてみましょう。

（無気音）	（有気音）
ji	qi
ju	qu

！ ピンインのルール

「j」「q」「x」の3つの子音を「ü」と組み合わせた場合、「ü」は「u」と書きます。

j ＋ ü → jú　菊
q ＋ ü → qǔ　曲
x ＋ ü → xū　需

「j」「q」「x」の3つの子音と「u」が組み合わさることはありません。

練習③ 単母音との組み合わせ

CD1 25

「j」「q」「x」の子音と単母音の組み合わせを練習しましょう。

ji	jī 鸡	jí 急	jǐ 几	jì 记
qi	qī 七	qí 奇	qǐ 起	qì 气
ju	jū 居	jú 菊	jǔ 举	jù 句
xu	xū 虚	xú 徐	xǔ 许	xù 序

練習④ ピンインの選択

CD1 26

次の漢字の音声と一致するピンインを選んでみましょう。

① 巨　　(A) qù　　　(B) jì　　　(C) jù

② 基　　(A) qī　　　(B) jī　　　(C) xī

③ 习　　(A) qí　　　(B) xí　　　(C) jí

④ 妻　　(A) jī　　　(B) xī　　　(C) qī

⑤ 取　　(A) qǔ　　　(B) jǔ　　　(C) xǔ

⑥ 须　　(A) qū　　　(B) xū　　　(C) jū

練習④ 正解　①-(C)　②-(B)　③-(B)　④-(C)　⑤-(A)　⑥-(B)

公式 7 そり舌音 【zh / ch / sh / r】

そり舌音とは？

文字通り、舌をそらせて発音するのでそり舌音と呼びます。
少しだけ舌をそらせて発音するのがコツです。
あまりそらせすぎないように気をつけましょう。

CD1 27

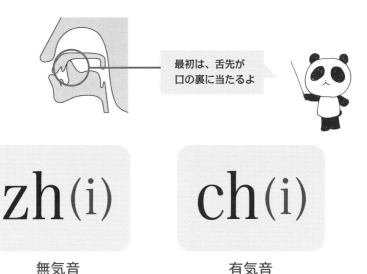

最初は、舌先が
口の裏に当たるよ

zh(i)	ch(i)
無気音	有気音

発音のコツ 「zh」と「ch」の発音の要領は同じで、舌先を上の歯の裏よりやや奥に当てる状態から発音します。

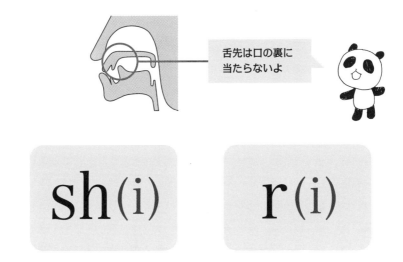

舌先は口の裏に
当たらないよ

sh(i)　　r(i)

発音のコツ　　「sh」と「r」は舌先が最初からそったままどこにも当たら
ない状態から発音します。

練習① 四声　　　　　　　　　　　　　　　CD1 28

声調を意識しながら、そり舌音の発音練習をしてみましょう。

zhī	zhí	zhǐ	zhì
chī	chí	chǐ	chì
shī	shí	shǐ	shì
rī	rí	rǐ	rì

練習② 無気音と有気音　　　　　　　　　　CD1 29

無気音と有気音を意識しながら、そり舌音の発音練習をしてみましょう。

（無気音）	（有気音）
zhi	chi
zha	cha
zhe	che
zhu	chu

「zh」「ch」「sh」の子音と単母音の組み合わせを練習しましょう。

zhi	zhī 知	zhí 直	zhǐ 纸	zhì 治
chi	chī 吃	chí 池	chǐ 尺	chì 翅
shi	shī 师	shí 十	shǐ 使	shì 事
zhe	zhē 遮	zhé 哲	zhě 者	zhè 这
she	shē 奢	shé 舌	shě 舍	shè 社
zhu	zhū 猪	zhú 竹	zhǔ 主	zhù 住
shu	shū 书	shú 熟	shǔ 属	shù 树

次の漢字の音声と一致するピンインを選んでみましょう。

① 茶　　(A) chá　　　(B) zhá　　　(C) shǎ

② 热　　(A) rì　　　(B) rè　　　(C) zhè

③ 沙　　(A) shā　　　(B) chā　　　(C) zhā

④ 日　　(A) rè　　　(B) rì　　　(C) zhì

⑤ 失　　(A) shī　　　(B) chī　　　(C) zhī

⑥ 炸　　(A) chá　　　(B) shá　　　(C) zhá

練習④　正解
①-(A)　②-(B)　③-(A)　④-(B)　⑤-(A)　⑥-(C)

公式 8 舌歯音 【z / c / s】
<small>ぜっ し おん</small>

舌歯音とは？

舌先を上の歯の裏に当ててから出す音です。

CD1 32

上下の歯の間の隙間
はあるかないか

z (i)	c (i)	s (i)
無気音	有気音	

発音のコツ 　唇をやや左右に引き、上下の歯の隙間があるかないかの状態で、その隙間から音を押し出すように発音します。

43

練習① 四声　　　　　　　　　　　　　　　　　　　CD1 33

声調を意識しながら、舌歯音の発音練習をしてみましょう。

zī	zí	zǐ	zì
cī	cí	cǐ	cì
sī	sí	sǐ	sì

練習② 無気音と有気音　　　　　　　　　　　　　　CD1 34

無気音と有気音を意識しながら、舌歯音の発音練習をしてみましょう。

（無気音）	（有気音）
zi	ci
za	ca
ze	ce
zu	cu

❶ 日本人にとって、「zi」「ci」「si」と「zu」「cu」「su」の2系列の音は日本語の「ず」「つ」「す」と似ているので、注意が必要です。はっきりと区別するには、まず「i」と「u」の単母音を発音してみて、音を確認してから、子音と一緒に発音してみることです。最初の段階はこうすることによって、より正確に発音することができます。

練習 ③ 単母音との組み合わせ　

① 「z」「c」「s」の子音と単母音の組み合わせを練習しましょう。

zi	zu
ci	cu
si	su

② 「z-zh」「c-ch」「s-sh」「l-r」の音の違いを練習しましょう。

za	zha	zi	zhi	ze	zhe	zu	zhu
ca	cha	ci	chi	ce	che	cu	chu
sa	sha	si	shi	se	she	su	shu
		li	ri	le	re	lu	ru

③ 「z-j」「c-q」「s-x」の音の違いを練習しましょう。

zi ji	ci qi	si xi

次の漢字の音声と一致するピンインを選んでみましょう。

① 扎　　(A) zhā　　(B) cā　　(C) zā

② 四　　(A) zì　　(B) sì　　(C) cì

③ 足　　(A) cú　　(B) sú　　(C) zú

④ 醋　　(A) cù　　(B) zù　　(C) sù

⑤ 泽　　(A) cé　　(B) zé　　(C) shé

⑥ 擦　　(A) cā　　(B) zā　　(C) sā

⑦ 洒　　(A) shǎ　　(B) sǎ　　(C) zǎ

⑧ 粗　　(A) zū　　(B) cū　　(C) sū

⑨ 次　　(A) zù　　(B) zì　　(C) cì

⑩ 字　　(A) zù　　(B) zì　　(C) cì

練習④　正解
①－(A)　②－(B)　③－(C)　④－(A)　⑤－(B)
⑥－(A)　⑦－(B)　⑧－(B)　⑨－(C)　⑩－(B)

複合母音の基本

　複合母音は全部で13音あります。2つの単母音または3つの単母音の組み合わせでできています。ですから、最初は1つ1つの単母音を発音するつもりでゆっくり読んでみましょう。少し慣れてくると、単母音と単母音の間が自然につながっていき、きれいな複合母音の発音になります。

ai	ei	ao	ou	
ia	ie	ua	uo	üe
iao	iou	uai	uei	

単母音をなめらかに
続けるのがコツだよ

公式 9 複合母音 【ai / ei / ao / ou】

複合母音は単母音の組み合わせです。
2つの母音をなめらかに発音しましょう。

CD1 37

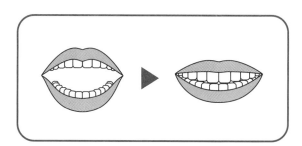

発音のコツ

口を開けた状態から発音します。日本語の「アイ」と同じです。

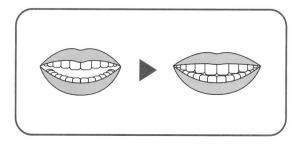

発音のコツ

口をやや左右に開いた状態から発音します。日本語の「エイ」と同じです。

「e」の発音に
注意してね

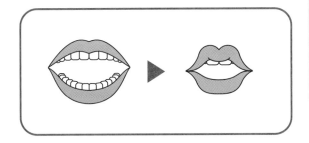

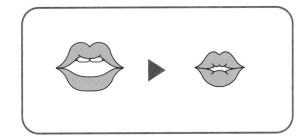

ao

〔 発音のコツ 〕

口を開けた状態から発音します。日本語の「アオ」とほぼ同じです。

ou

〔 発音のコツ 〕

口を少し丸く開けた状態から発音します。日本語の「オウ」とほぼ同じです。

🔴 「e」の発音に注意！

「e」の発音は特別です。「e」は単母音の発音と複合母音の発音が異なります。

1つの音節で、母音が「e」だけの場合は単母音の発音となります。例えば、次のように。

 子音「l」 ＋ 母音「e」 → lè （乐）
 子音「h」 ＋ 母音「e」 → hē （喝）

1つの音節で、「e」のほかに、他の母音がある場合は複合母音の発音となります。例えば、次のように。

 子音「l」 ＋ 母音「ei」 → lèi （累）
 子音「h」 ＋ 母音「ei」 → hēi （黑）

練習① 四声 CD1 38

声調を意識しながら、複合母音の発音練習をしてみましょう。

āi	ái	ǎi	ài
ēi	éi	ěi	èi
āo	áo	ǎo	ào
ōu	óu	ǒu	òu

練習② 複合母音だけの単語 CD1 39

複合母音だけの単語を発音してみましょう。

ài	éi	ào	ōu
爱	诶	奥	欧

CD1 40

練習③　ピンインの選択（複合母音のみ）

次の漢字の音声と一致するピンインを選んでみましょう。

① 矮　　(A) āi　　(B) ái　　(C) ǎi　　(D) ài

② 哀　　(A) āi　　(B) ái　　(C) ǎi　　(D) ài

③ 傲　　(A) āo　　(B) áo　　(C) ǎo　　(D) ào

④ 鸥　　(A) ōu　　(B) óu　　(C) ǒu　　(D) òu

➡正解は52ページ

練習④　子音との組み合わせ

CD1 41

子音と複合母音「ai」「ei」「ao」「ou」の組み合わせを練習しましょう。

子音+ ai	pāi 拍	bái 白	hǎi 海	zài 再
子音+ ei	fēi 飞	shéi 谁	měi 美	bèi 背
子音+ ao	māo 猫	táo 桃	hǎo 好	dào 道
子音+ ou	zhōu 周	lóu 楼	zǒu 走	ròu 肉

次の漢字の音声と一致するピンインを選んでみましょう。

① **百**　　(A) bāi　　(B) pǎi　　(C) pāi　　(D) bǎi

② **陪**　　(A) pāi　　(B) pēi　　(C) béi　　(D) péi

③ **高**　　(A) káo　　(B) gāo　　(C) pāo　　(D) bāo

④ **头**　　(A) dōu　　(B) tōu　　(C) dóu　　(D) tóu

⑤ **手**　　(A) shǒu　　(B) zhǒu　　(C) chǒu　　(D) zǒu

⑥ **贼**　　(A) zhéi　　(B) shéi　　(C) zéi　　(D) céi

(練習③　正解)
① - (C)　② - (A)　③ - (D)　④ - (A)

(練習⑤　正解)
① - (D)　② - (D)　③ - (B)　④ - (D)　⑤ - (A)　⑥ - (C)

微信（WeChat）

中国で最も人気の高いSNSで、いわば中国版のLINEです。中国人の日常的なメッセージのやりとりはほとんどこの微信で行われています。音声のメッセージが特に好まれています。ただ、メッセージに既読機能はありません。お年玉などのオリジナル機能があります。

微信には決済機能サービスも搭載されていて、生活のさまざまな場面で利用されています。中国ではスマホを上手に使いこなしている70代、80代のお年寄りは決して珍しくありません。

公式 10 複合母音【ia / ie / ua / uo / üe】

最初の母音は弱く軽く、後の母音は強くはっきり発音します。 **CD1** 43

 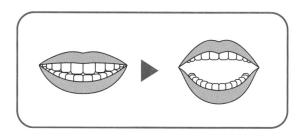

発音のコツ 口を少し開け、左右に開いた状態から発音します。日本語の「イア」と同じです。

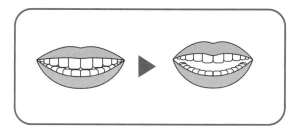

発音のコツ 口を少し開け、左右に開いた状態から発音します。日本語の「イエ」と同じです。

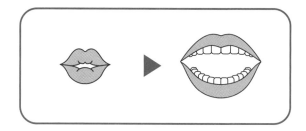

発音のコツ 口を少し丸くした状態から発音します。日本語の「ウア」と同じです。

uo

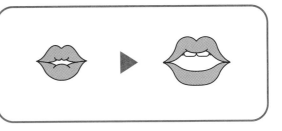

発音のコツ 口を少し丸くした状態から発音します。日本語の「ウオ」と同じです。

üe

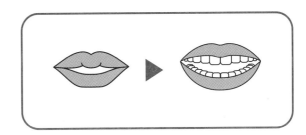

発音のコツ 口笛を吹くような口の形をした状態から発音して、日本語の「エ」に到達します。

音の強弱をつけると、うまく発音できるよ

❗「i」「u」「ü」の書き換え

　複合母音だけの音声の場合、頭文字の「i」「u」「ü」はピンイン表記上、書き換えなければなりません。単母音の書き方とちょっと異なるので、注意しましょう。書き方は次の通りです。

　　i　→　y　　　　u　→　w　　　ü　→　yu

つまり、ピンインを書くときには、次のようになります。

　　ia　→　ya　　ie　→　ye　　ua　→　wa
　　uo　→　wo　　üe　→　yue

超かんたん！　発音エクササイズ

練習① 四声

CD1 44

声調を意識しながら、複合母音の発音練習をしてみましょう。

yā	yá	yǎ	yà
yē	yé	yě	yè
wā	wá	wǎ	wà
wō	wó	wǒ	wò
yuē	yué	yuě	yuè

練習② 複合母音だけの単語

CD1 45

複合母音だけの単語を発音してみましょう。

ia	yā 鸭	yá 牙	yǎ 雅	yà 亚
ie	yē 椰	yé 爷	yě 也	yè 业
ua	wā 蛙	wá 娃	wǎ 瓦	wà 袜
uo	wō 窝		wǒ 我	wò 握
üe	yuē 约			yuè 月

練習③ 「ou」と「uo」の違い　CD1 46

「ou」と「uo」の違いを意識しながら発音練習をしてみましょう。

dōu	duō	gōu	guō	shōu	shuō
都	多	沟	锅	收	说

練習④ ピンインの選択（複合母音のみ）　CD1 47

次の漢字の音声と一致するピンインを選んでみましょう。

① 压　(A) yā　(B) yá　(C) yǎ　(D) yà

② 夜　(A) yē　(B) yé　(C) yě　(D) yè

③ 挖　(A) wā　(B) wá　(C) wǎ　(D) wà

④ 卧　(A) wō　(B) wó　(C) wǒ　(D) wò

⑤ 悦　(A) yuē　(B) yué　(C) yuě　(D) yuè

⑥ 野　(A) yē　(B) yé　(C) yě　(D) yè

➡ 正解は59ページ

子音と複合母音「ia」「ie」「ua」「uo」「üe」の組み合わせを練習しましょう。

子音＋ia	jiā 家	xiá 霞	jiǎ 甲	qià 洽
子音＋ie	qiē 切	bié 别	jiě 姐	xiè 谢
子音＋ua	huā 花	huá 华	shuǎ 耍	kuà 跨
子音＋uo	shuō 说	guó 国	huǒ 火	luò 落
子音＋üe	quē 缺	jué 绝	xuě 雪	què 雀

❗ 「j」「q」「x」＋「ü」の場合、「ü」は「u」と書きます。

練習 ⑥　ピンインの選択（子音＋複合母音）　　CD1 49

次の漢字の音声と一致するピンインを選んでみましょう。

① 下　　(A) jià　　　(B) xià　　　(C) qià

② 写　　(A) xiě　　　(B) jiè　　　(C) xuè

③ 瓜　　(A) huā　　　(B) guā　　　(C) zhuā

④ 多　　(A) tuō　　　(B) dōu　　　(C) duō

⑤ 学　　(A) xuē　　　(B) jué　　　(C) xué

⑥ 确　　(A) què　　　(B) juè　　　(C) xuè

①-(A)　②-(D)　③-(A)　④-(D)　⑤-(D)　⑥-(C)

練習⑥　正解
①-(B)　②-(A)　③-(B)　④-(C)　⑤-(C)　⑥-(A)

公式 11 複合母音 【iao / iou / uai / uei】

3つの母音を自然になめらかに発音するようにしましょう。　CD1 50

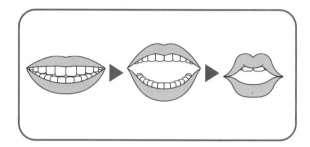

発音のコツ　日本語の「イ→ア→オ」となめらかにつながるように発音します。

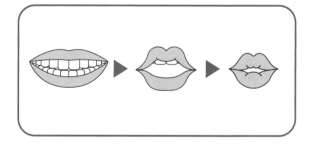

発音のコツ　日本語の「イ→オ→ウ」となめらかにつながるように発音します。

母音が3つになっても、基本は単母音の組み合わせだよ

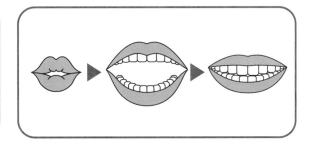

発音のコツ 日本語の「ウ→ア→イ」となめらかにつながるように発音します。

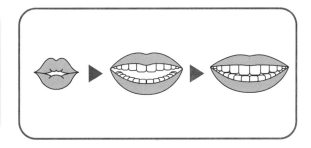

発音のコツ 日本語の「ウ→エ→イ」となめらかにつながるように発音します。

❗ 「i」「u」「ü」の書き換え

頭文字の「i」「u」「ü」はピンイン表記上、書き換えなければなりません。つまり、ピンインを書くときには次のようになります。

iao → yao
iou → you
uai → wai
uei → wei

`CD1 51`

声調を意識しながら、複合母音の発音練習をしてみましょう。

yāo	yáo	yǎo	yào
yōu	yóu	yǒu	yòu
wāi	wái	wǎi	wài
wēi	wéi	wěi	wèi

`CD1 52`

複合母音だけの単語を発音してみましょう。

	yāo 腰	yáo 摇	yǎo 咬	yào 药
iao				
iou	yōu 悠	yóu 油	yǒu 友	yòu 幼
uai	wāi 歪		wǎi 崴	wài 外
uei	wēi 微	wéi 围	wěi 尾	wèi 位

練習③ ピンインの選択（複合母音のみ） CD1 53

次の漢字の音声と一致するピンインを選んでみましょう。

① 妖　(A) yāo　(B) yáo　(C) yǎo　(D) yào
② 有　(A) yōu　(B) yóu　(C) yǒu　(D) yòu
③ 外　(A) wāi　(B) wái　(C) wǎi　(D) wài
④ 维　(A) wēi　(B) wéi　(C) wěi　(D) wèi
⑤ 又　(A) yōu　(B) yóu　(C) yǒu　(D) yòu
⑥ 威　(A) wēi　(B) wéi　(C) wěi　(D) wèi

➡正解は64ページ

練習④ 子音との組み合わせ CD1 54

子音と複合母音「iao」「iou」「uai」「uei」の組み合わせを練習しましょう。

子音＋ iao	jiāo 教	qiáo 桥	biǎo 表	xiào 笑
子音＋ iou	qiū 秋	niú 牛	jiǔ 久	xiù 秀
子音＋ uai	guāi 乖	huái 怀	shuǎi 甩	kuài 快
子音＋ uei	tuī 推	chuí 垂	shuǐ 水	duì 对

! ピンインのルール

「子音＋iou」→「子音＋iu」と表記します。つまり、真ん中にある「o」をなくすのです。

> 子音「l」 ＋ 「iou」 → liù　（六）
> 子音「d」 ＋ 「iou」 → diū　（丢）

「子音＋uei」→「子音＋ui」と表記します。同様に、真ん中にある「e」をなくします。

> 子音「zh」 ＋ 「uei」 → zhuī（追）
> 子音「r」　＋ 「uei」 → ruì　（瑞）

（練習⑤　ピンインの選択（子音＋複合母音）） ［CD1］55

次の漢字の音声と一致するピンインを選んでみましょう。

① 小	(A) zhāo	(B) shǎo	(C) xiǎo
② 酒	(A) qiū	(B) jiǔ	(C) jiǒu
③ 怪	(A) kuài	(B) shuài	(C) guài
④ 腿	(A) duǐ	(B) tuǐ	(C) duěi
⑤ 扭	(A) niǔ	(B) xiǔ	(C) liǔ
⑥ 吹	(A) zhuī	(B) ruī	(C) chuī

（練習③　正解）
①-(A)　②-(C)　③-(D)　④-(B)　⑤-(D)　⑥-(A)

（練習⑤　正解）
①-(C)　②-(B)　③-(C)　④-(B)　⑤-(A)　⑥-(C)

鼻母音の基本

　鼻母音はぜんぶで16音あり、2系列に分かれています。「n」で終わる鼻母音と「ng」で終わる鼻母音です。

「n」で終わる鼻母音

　n で終わる鼻母音はぜんぶで8音あります。「n」で終わる鼻母音の発音は、舌先を上の歯の裏に付けて終わります。

an	en	in	ian
uan	uen	üan	ün

「ng」で終わる鼻母音

　ng で終わる鼻母音もぜんぶで8音あります。「ng」で終わる鼻母音の発音は、喉の奥から鼻につながる部分を大きく開けて、そこから鼻のほうに音を響かせるようなイメージで発音します。

ang	eng	ong	ing
iang	iong	uang	ueng

公式12 鼻母音【an / ang / en /eng】

「an-ang」と「en-eng」のペアで身につけましょう。　CD1 56

an　ang

発音のコツ　「an」は口の中の前の部分から発音します。「ang」は喉の奥から発音します。

en　eng

発音のコツ　「en」は口の中の前の部分から発音します。「eng」は喉の奥から発音します。

「n」と「ng」の発音のしかた

「n」で終わる鼻母音の発音は、舌先を上の歯の裏に付けて終わります。

舌先を上の歯の
裏に付ける

「ng」で終わる鼻母音の発音は、喉の奥から鼻につながる部分を大きく開けて、そこから鼻のほうに音を響かせるようなイメージで発音します。

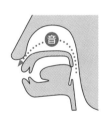

鼻のほうに音を響か
せる。舌先はどこに
も付かない

超かんたん！　発音エクササイズ

練習① 四声

 CD1 57

声調を意識しながら、鼻母音の発音練習をしてみましょう。

ān	án	ǎn	àn
āng	áng	ǎng	àng
ēn	én	ěn	èn
ēng	éng	ěng	èng

！ピンインのルール
声調は「n」と「ng」の上には付けません。

練習② 鼻母音だけの単語

CD1 58

鼻母音だけの単語を発音してみましょう。

ān	ǎn	àn	áng	ēn
安	俺	暗	昂	恩

練習④ 正解

①-(B)　②-(A)　③-(B)　④-(C)　⑤-(C)　⑥-(B)

68

練習③　子音との組み合わせ　CD1 59

子音と鼻母音「an」「ang」「en」「eng」の組み合わせを練習しましょう。

子音＋ an	sān 三	lán 蓝	bǎn 板	fàn 饭
子音＋ ang	tāng 汤	máng 忙	shǎng 赏	pàng 胖
子音＋ en	gēn 跟	shén 神	běn 本	rèn 认
子音＋ eng	shēng 生	chéng 成	děng 等	mèng 梦

練習④　ピンインの選択（子音＋鼻母音）　CD1 60

次の漢字の音声と一致するピンインを選んでみましょう。

① 南　(A) mán　(B) nán　(C) máng

② 身　(A) shēn　(B) zēn　(C) chēn

③ 帮　(A) bān　(B) bāng　(C) dāng

④ 声　(A) zhēng　(B) chēng　(C) shēng

⑤ 很　(A) gěn　(B) kěn　(C) hěn

⑥ 风　(A) fēn　(B) fēng　(C) fān

➡正解は68ページ

公式13 鼻母音【ian / iang / uan / uang】

「ian-iang」と「uan-uang」のペアで身につけましょう。　CD1 61

ian iang

発音のコツ　「ian」は口の中の前の部分から発音します。「iang」は「i」を発音してすぐに喉の奥から「ang」を発音します。

⚠ ピンインの書き換え

鼻母音だけの音声の場合、複合母音と同様に、頭文字の「i」「u」「ü」はピンイン表記上、書き換えなければなりません。

i　→　y
u　→　w
ü　→　yu

つまり、ピンインを書くときには、次のようになります。

ian　→　yan　　　　iang　→　yang
uan　→　wan　　　　uang　→　wang

uan　uang

発音のコツ　「uan」は口の中の前の部分から発音します。「uang」は「u」を発音してすぐに喉の奥から「ang」を発音します。

「n」と「ng」を区別して発音しよう

練習① 四声

CD1 62

声調を意識しながら、鼻母音の発音練習をしてみましょう。

yān	yán	yǎn	yàn
yāng	yáng	yǎng	yàng
wān	wán	wǎn	wàn
wāng	wáng	wǎng	wàng

練習② 鼻母音だけの単語

CD1 63

鼻母音だけの単語を発音してみましょう。

ian	yān 烟	yán 颜	yǎn 眼	yàn 验
iang	yāng 央	yáng 羊	yǎng 养	yàng 样
uan	wān 湾	wán 完	wǎn 晚	wàn 万
uang	wāng 汪	wáng 王	wǎng 网	wàng 望

CD1 64

練習③　ピンインの選択（鼻母音のみ）

次の漢字の音声と一致するピンインを選んでみましょう。

① 厌　　(A) yān　　(B) yán　　(C) yǎn　　(D) yàn

② 洋　　(A) yāng　　(B) yáng　　(C) yǎng　　(D) yàng

③ 碗　　(A) wān　　(B) wán　　(C) wǎn　　(D) wàn

④ 忘　　(A) wāng　　(B) wáng　　(C) wǎng　　(D) wàng

⑤ 杨　　(A) yāng　　(B) yáng　　(C) yǎng　　(D) yàng

⑥ 沿　　(A) yān　　(B) yán　　(C) yǎn　　(D) yàn

➡ 正解は74ページ

練習④　子音との組み合わせ

CD1 65

子音と鼻母音「ian」「iang」「uan」「uang」の組み合わせを練習しましょう。

子音 + ian	biān 边	qián 前	liǎn 脸	piàn 片
子音 + iang	jiāng 姜	liáng 良	xiǎng 想	xiàng 向
子音 + uan	guān 观	tuán 团	nuǎn 暖	luàn 乱
子音 + uang	huāng 荒	chuáng 床	shuǎng 爽	guàng 逛

次の漢字の音声と一致するピンインを選んでみましょう。

① 电　　(A) tiàn　　(B) diàn　　(C) dàn

② 年　　(A) nián　　(B) nán　　(C) mián

③ 况　　(A) chuàng　　(B) zhuàng　　(C) kuàng

④ 强　　(A) qiáng　　(B) jiáng　　(C) xiáng

⑤ 光　　(A) kuāng　　(B) zhuāng　　(C) guāng

⑥ 穿　　(A) zhuān　　(B) chuān　　(C) cuān

よく使うSNS語　その1

SNS	shè jiāo wǎng zhàn **社交网站**
友だち	hǎo yǒu **好友**
グループ	qún **群**
いいね	diǎn zàn **点赞**
トーク	liáo tiān **聊天**
フォロー	guān zhù **关注**
フォロワー	fěn sī **粉丝**
スタンプ	tiē tú **贴图**

公式 14 鼻母音 【in / ing / ong / iong】

「in-ing」のペアと「ong」「iong」で身につけましょう。　CD1 67

in　ing

発音のコツ　「in」は日本語の「イン」と同じです。「ing」は喉の奥から発音し、日本語の「イーン」とほぼ同じです。

⚠ ピンインの書き換え

鼻母音だけの音声の場合、複合母音と同様に、頭文字の「i」「u」「ü」はピンイン表記上、書き換えなければなりません。書き方は次の通りです。

i　→　y
u　→　w
ü　→　yu

ただし、「in」と「ing」の書き換えはこれまでの方法と異なるので、特に注意が必要です。書き方は次の通りです。

in　→　yin
ing　→　ying

iong は複合母音と同様、i　→　y　つまり、iong　→　yong と書き換えます。

ong

発音のコツ 口を丸くして喉の奥から発音します。日本語の「オン」とほぼ同じです。

iong

発音のコツ 日本語の「イ→オン」となめらかにつながるように発音します。

カタカナ発音が参考になるよ

練習① 四声 CD1 68

声調を意識しながら、鼻母音の発音練習をしてみましょう。

yīn	yín	yǐn	yìn
yīng	yíng	yǐng	yìng
ōng	óng	ǒng	òng
yōng	yóng	yǒng	yòng

練習② 鼻母音だけの単語 CD1 69

鼻母音だけの単語を発音してみましょう。

	yīn	yín	yǐn	yìn
in	音	银	饮	印
	yīng	yíng	yǐng	yìng
ing	英	迎	影	硬
	yōng		yǒng	yòng
iong	拥		永	用

練習③ ピンインの選択 (鼻母音のみ) **CD1 70**

次の漢字の音声と一致するピンインを選んでみましょう。

① 因　　(A) yīn　　(B) yín　　(C) yǐn　　(D) yìn

② 营　　(A) yīng　(B) yíng　(C) yǐng　(D) yìng

③ 勇　　(A) yōng　(B) yóng　(C) yǒng　(D) yòng

④ 引　　(A) yīn　　(B) yín　　(C) yǐn　　(D) yìn

➡ 正解は80ページ

練習④　子音との組み合わせ **CD1 71**

子音と鼻母音「in」「ing」「ong」「iong」の組み合わせを練習しましょう。

子音 + in	pīn 拼	nín 您	jǐn 紧	xìn 信
子音 + ing	tīng 听	líng 零	jǐng 景	qìng 庆
子音 + ong	kōng 空	lóng 龙	dǒng 懂	gòng 共
子音 + iong	xiōng 胸	qióng 穷	jiǒng 炯	

次の漢字の音声と一致するピンインを選んでみましょう。

① 民　　(A) nín　　　(B) pín　　　(C) mín

② 冰　　(A) pīng　　(B) bīng　　(C) tīng

③ 兄　　(A) qiōng　(B) xiōng　(C) jiōng

④ 平　　(A) píng　　(B) jíng　　(C) tíng

⑤ 东　　(A) dōng　　(B) tōng　　(C) kōng

⑥ 姓　　(A) xìng　　(B) qìng　　(C) jìng

練習③　正解
①－(A)　②－(B)　③－(C)　④－(C)

練習⑤　正解
①－(C)　②－(B)　③－(B)　④－(A)　⑤－(A)　⑥－(A)

コーヒーブレイク 3

よく使うSNS語　その2

QR コード
èr wéi mǎ
二维码

リツイート
zhuǎn fā
转发

投稿する
fā bù
发布

返信する
huí fù
回复

コメント
píng lùn
评论

ブロックする
lā hēi
拉黑

トップページ
zhǔ yè
主页

ツイート・ツイッター
tuī tè
推特

公式15 鼻母音 【uen / ueng / üan / ün】

「uen-ueng」のペアと「üan」「ün」で身につけましょう。　**CD1 73**

uen　ueng

発音のコツ　「uen」は口の中の前の部分から発音します。「ueng」は「u」を発音してすぐに喉の奥から「eng」を発音します。

⚠ ピンインの書き換え

鼻母音だけの音声の場合、複合母音と同様に、頭文字の「i」「u」「ü」はピンイン表記上、書き換えなければなりません。

i　→　y
u　→　w
ü　→　yu

つまり、ピンインを書くときに、次のように書き換えます。

| uen | → | wen |　| ueng | → | weng |
| üan | → | yuan |　| ün | → | yun |

üan

発音のコツ　口笛を吹くような口の形から「ü」を発音して、すぐに「an」を発音します。

ün

発音のコツ　口笛を吹くような口の形から「ü」を発音して、同じ口の形ですぐに舌先を上の歯の裏に付けます。

「ü」の音をもう一度、復習しておいてね

練習① 四声

声調を意識しながら、鼻母音の発音練習をしてみましょう。

wēn	wén	wěn	wèn
wēng	wéng	wěng	wèng
yuān	yuán	yuǎn	yuàn
yūn	yún	yǔn	yùn

練習② 鼻母音だけの単語

鼻母音だけの単語を練習しましょう。

uen	wēn 温	wén 文	wěn 吻	wèn 问
ueng	wēng 翁			wèng 瓮
üan	yuān 渊	yuán 园	yuǎn 远	yuàn 愿
ün	yūn 晕	yún 云	yǔn 允	yùn 韵

CD1 76

練習③ ピンインの選択（鼻母音のみ）

次の漢字の音声と一致するピンインを選んでみましょう。

① 闻　　(A) wēn　　(B) wén　　(C) wěn　　(D) wèn

② 员　　(A) yuān　　(B) yuán　　(C) yuǎn　　(D) yuàn

③ 酝　　(A) yūn　　(B) yún　　(C) yǔn　　(D) yùn

④ 院　　(A) yuān　　(B) yuán　　(C) yuǎn　　(D) yuàn

➡正解は86ページ

❗ ピンインのルール

「子音＋uen」→「子音＋un」と表記します。つまり真ん中の「e」をなくします。

　　子音「c」＋「uen」→　cùn（寸）
　　子音「s」＋「uen」→　sūn（孙）

CD1 77

練習④ 子音との組み合わせ

子音と鼻母音「uen」「üan」「ün」の組み合わせを練習しましょう。

子音＋uen	zūn 遵	cún 存	zhǔn 准	lùn 论
子音＋üan	xuān 宣	quán 泉	juǎn 卷	quàn 劝
子音＋ün	jūn 君	qún 群		xùn 迅

（注）「子音＋ueng」の組み合わせはありません。

練習⑤　ピンインの選択（子音＋鼻母音）

次の漢字の音声と一致するピンインを選んでみましょう。

① 全　　(A) juán　　(B) qún　　(C) quán

② 寻　　(A) xún　　(B) qún　　(C) quán

③ 军　　(A) qūn　　(B) jūn　　(C) juān

④ 笋　　(A) sǔn　　(B) zhǔn　　(C) jǔn

⑤ 选　　(A) quǎn　　(B) xuǎn　　(C) juǎn

⑥ 村　　(A) cūn　　(B) zūn　　(C) sūn

（注）「村 cūn」の「un」は「uen」、つまり、「e」をなくした形です。
　　「军 jūn」の「un」は「ün」、つまり、子音の「j」「q」「x」の後の「ü」→「u」と
　　いう書き換えです。

練習③　正解
①–(B)　②–(B)　③–(D)　④–(D)

練習⑤　正解
①–(C)　②–(A)　③–(B)　④–(A)　⑤–(B)　⑥–(A)

発音のルールのまとめ

　発音に関連する基本ルールをまとめます。ピンインや声調を活用するために、目を通しておきましょう。

1　ピンインのルール

❶単母音「i」「u」「ü」の書き換え

i　→　yi　　　　　　　u　→　wu　　　　　　ü　→　yu

❷複合母音と鼻母音の「i」「u」「ü」の書き換え

i　→　y　　　　　　　u　→　w　　　　　　ü　→　yu

❸鼻母音「in」「ing」の書き換え

in　→　yin　　　　　ing　→　ying

❹子音「j」「q」「x」の後の「ü」→「u」

❺単母音「e」の発音と複合母音「e」の発音は異なります。

❻「子音＋iou」→「子音＋iu」と表記します。つまり、真ん中の「o」をなくします。

❼「子音＋uei」→「子音＋ui」と表記します。つまり、真ん中の「e」をなくします。

❽「子音＋uen」→「子音＋un」と表記します。つまり、真ん中の「e」をなくします。

❾「第三声＋第三声」の単語の場合、最初の第三声は第二声で発音します。ただし、声調符号は変わりません。

nǐ hǎo　　　　　　　shuǐ guǒ　　　　　　　yǔ sǎn
你好　　　　　　　　水果　　　　　　　　雨伞

2　声調の付け方

❶声調は必ず母音の「a」「o」「e」「i」「u」「ü」のどれかの上に付けます。

❷複合母音の場合、単母音 (a → o → e → i → u → ü) の順番で付けます。

hǎo	bǎi	duō	běi	zǒu
好	百	多	北	走

❸「i」の上に付ける場合、「·」をなくします。

yī	qī
一	七

❹「子音 + iu」と「子音 + ui」の場合、最後の母音の上に付けます。

jiù	duì
就	对

3　声調の変化

　中国語の「不」と「一」の声調は、後ろに組み合わさった文字の声調によって変化します。

●「不」の声調の変化
　「不」の声調は本来「bù」と第四声ですが、以下のように変化します。

bù + 第一声	変化なし
bù + 第二声	変化なし
bù + 第三声	変化なし
bù + 第四声	第二声に変化
bù + 是 shì	不是 bú shì
bù + 去 qù	不去 bú qù

（注意）声調の変化によって、声調符号も変わります。

●「一」の声調の変化

「一」の声調は本来「yī」と第一声ですが、「不」と同様に、後ろに組み合わさった文字の声調によって以下のように変化します。

yī + 第一声	第四声に変化	yī + 千 qiān	一千 yì qiān
yī + 第二声	第四声に変化	yī + 年 nián	一年 yì nián
yī + 第三声	第四声に変化	yī + 百 bǎi	一百 yì bǎi
yī + 第四声	第二声に変化	yī + 万 wàn	一万 yí wàn

（注意）声調の変化によって、声調符号も変わります。

4　儿化（r化）

「儿化」は北京語の独特の言い方です。「儿化」される文字はごく少数ですが、会話でよく使われます。「儿化」しても文字の意味は変わりません。
文字の後ろに「儿」を付けます。

花　→　花儿

事　→　事儿

発音する際には、直前の母音を発音すると同時に少し舌をそらせます。ただし、r化しても、音節の数は変わりません。

花 huā　→　花儿 huār

事 shì　→　事儿 shìr

「儿化」しない言い方でも問題なく通じます。

練習　儿化

「儿化」した単語の発音練習をしてみましょう。

huā 花	→	huār 花儿
shì 事	→	shìr 事儿
gē 歌	→	gēr 歌儿
wán 玩	→	wánr 玩儿
diǎn 点	→	diǎnr 点儿

発音トレーニング
単語編

よく使う日常単語で中国語の発音を練習しましょう。単語を覚えながら、さまざまな音声とその組み合わせをトレーニングできるメニューです。練習を積んでいくと、自然にしっかりとした発音ができるようになります。必ず自分でも声に出して発音するようにしてください。

CD2 1 ～ CD2 21

発音例の音声にはポーズが設けてあります。ネイティブ音声を真似て自分でも声に出して発音しましょう。

 数字

CD2 1

　「1」「3」「7」「8」は第一声で、声調を上げ下げしないで、同じ高さを維持しながら最初から最後までまっすぐ伸ばすように発音しましょう。
　「0」「10」は第二声で、いきなり声調を上げようとしないで、低いほうから少し助走をつけるようなイメージで上げるようにしましょう。
　「5」「9」は第三声で、低く始め、低く終わるイメージで発音しましょう。決して上げようとしないように心がけましょう。
　「2」「4」「6」は第四声で、カラスの鳴き声のように、頭からストンと落とすようなイメージで発音しましょう。

líng	yī	èr	sān	sì	wǔ
0	1	2	3	4	5

liù	qī	bā	jiǔ	shí
6	7	8	9	10

　「11〜99」の数字は、1〜10の数字をそのまま並べるだけで表せます。
　2桁を表す「十 shí」は、前か後ろに数字がある場合には、「shí」と発音します。ただし、前後を数字にはさまれている場合には、軽声「shi」で発音します。

shí yī	shí èr	shí sān	shí sì	shí wǔ
11	12	13	14	15

èr shí	sān shi liù	sì shi qī	wǔ shi bā	jiǔ shi jiǔ
20	36	47	58	99

② 多音字

CD2 2

　中国語では、基本的に1つの文字に1つの読み方しかありません。しかし、少数ではありますが、2つの読み方がある文字もあります。それらは「多音字」と言います。

　例えば、次のような単語です。

hǎo kàn
好看
（きれいだ）

ài hào
爱好
（趣味）

---

yín háng
银行
（銀行）

jìn xíng
进行
（進行する）

---

yīn yuè
音乐
（音楽）

kuài lè
快乐
（愉快である）

③ 外来語

CD2 3

　カタカナで外来語を表記する日本語に対して、漢字しかない中国語は外来語も当然、漢字で表記するしかありません。表記する方法は、主に次の3つです。

1）外来語の音に近い漢字を使って、音で表記します。

kā fēi **咖啡** （コーヒー）	wēi shì jì **威士忌** （ウイスキー）
bái lán dì **白兰地** （ブランデー）	zhī shì **芝士** （チーズ）
mó tèr **模特儿** （モデル）	shā fā **沙发** （ソファ）
mǎ lā sōng **马拉松** （マラソン）	hàn bǎo **汉堡** （ハンバーグ）

2）物や事象の性能や特徴などに基づいて、意味で表記します。

diàn nǎo
电脑
（電気の脳 → パソコン）

zú qiú
足球
（足のボール → サッカー）

hēi bǎn
黑板
（黒い板 → 黒板）

kuài cān
快餐
（速い食事 → ファストフード）

jī qì rén
机器人
（機械の人 → ロボット）

biàn lì diàn
便利店
（便利な店 → コンビニエンスストア）

3）音で表記した後に、関連の文字を付け加えて表記します。

pí jiǔ
啤酒
（ビール）

bā lěi wǔ
芭蕾舞
（バレエ）

mí nǐ qún
迷你裙
（ミニスカート）
（注）裙（スカート）

bǐ sà bǐng
比萨饼
（ピザ）
（注）饼（ナンのような食べ物）

gāo ěr fū qiú
高尔夫球
（ゴルフ）

bǎo líng qiú
保龄球
（ボーリング）

日本のような漢字を使う国を除いて、外国の地名と人名は基本的に1つの方法、すなわち音で表記します。

lún dūn	bā lí	huá shèng dùn
伦敦	**巴黎**	**华盛顿**
（ロンドン）	（パリ）	（ワシントン）

bèi duō fēn	nuò bèi ěr	bì jiā suǒ
贝多芬	**诺贝尔**	**毕加索**
（ベートーベン）	（ノーベル）	（ピカソ）

• •

音声クイズ　　　　　　　　　　　　　　　　　　　　CD2 4

音声を聞いて、音で表記される外来語の意味を当ててみましょう。

ヒント　　飲み物と食べ物

sè lā	qiǎo kè lì	kǎ bù qí nuò
① **色拉**	② **巧克力**	③ **卡布奇诺**

tí lā mǐ sū	xiāng bīn	bù dīng
④ **提拉米苏**	⑤ **香槟**	⑥ **布丁**

音声クイズ　正解

①サラダ　　　②チョコレート　③カプチーノ
④ティラミス　⑤シャンパン　　⑥プリン

コーヒーブレイク　4

中国人が声が大きい理由

・・・

　中国人がやかましいと思っている日本人は少なくありません。なぜ中国人は声が大きいのか、それは中国語の発音の特徴が主な原因の１つだと言われています。

　中国語は音の数が多く、微妙に違う音もあり、大きな声ではっきりと言わないと伝わりにくいです。また、音の高低（声調）があり、その組み合わせは400くらいあって、音のアップダウンが激しいのです。

　そのため、中国人は声が大きい、中国人はいつも怒っていると感じてしまうというわけです。

④ 軽声の練習

CD2 5

　中国語の1文字は「1音声1拍」で読みます。軽声は軽く短く読むのが基本ですが、短くなった分は前の文字を少し長めに読むことによって、同じリズムで読み進めることができ、きれいに均等に聞こえます。軽声は必ず真ん中か語尾にあります。

　同じ文字が続く単語の2文字目、語尾に来る「子」は軽声であることが多いです。

　軽声の発音練習をしてみましょう。

（第一声＋軽声）

mā ma	gē ge	tā men	yī fu	dōng xi	bāo zi
妈妈	哥哥	他们	衣服	东西	包子
（お母さん）	（お兄さん）	（彼ら）	（洋服）	（品物）	（肉まん）

（第二声＋軽声）

yé ye	hái zi	huáng gua	tú di	qún zi	tóu fa
爷爷	孩子	黄瓜	徒弟	裙子	头发
（おじいさん）	（子供）	（キュウリ）	（弟子）	（スカート）	（髪の毛）

（第三声＋軽声）

nǎi nai	jiě jie	wǒ men	nǐ men	jiǎo zi	diǎn xin
奶奶	姐姐	我们	你们	饺子	点心
（おばあさん）	（お姉さん）	（私たち）	（あなたたち）	（ギョウザ）	（デザート）

（第四声＋軽声）

bà ba	dì di	mèi mei	kè ren	kù zi	mào zi
爸爸	弟弟	妹妹	客人	裤子	帽子
（お父さん）	（弟）	（妹）	（お客さん）	（ズボン）	（帽子）

（軽声が真ん中にある言葉）

　軽声が真ん中にある場合、母音を半分発音する感覚で発音するのがコツです。

duì bu qǐ
对不起
（すみません）

má fan nǐ le
麻烦你了
（お願いします）

● ●

【 音声クイズ 】　　　　　　　　　　　　　　　　　　　　　CD2 6

音声を聞いて、下線に声調を書いてみてください。

① **朋友**（友達）　　　　　　　第_____声 ＋ 軽声

② **新鲜**（新鮮である）　　　　　第_____声 ＋ 軽声

③ **馄饨**（ワンタン）　　　　　　第_____声 ＋ 軽声

④ **月饼**（月餅）　　　　　　　　第_____声 ＋ 軽声

⑤ **打算**（予定する）　　　　　　第_____声 ＋ 軽声

⑥ **聪明**（聡明である）　　　　　第_____声 ＋ 軽声

【 音声クイズ　正解 】

①第二声　　　　　②第一声　　　　　③第二声

④第四声　　　　　⑤第三声　　　　　⑥第一声

単語の発音を練習しよう

⑤ 声調の練習

CD2 7

　声調を意識しながら、1 語の単語の発音練習をしてみましょう。紹介するのは基本単語なので、意味と書き方も覚えておきましょう。

（第一声）

tā
他 ＿＿＿＿ ＿＿＿＿
（彼）

tā
她 ＿＿＿＿ ＿＿＿＿
（彼女）

jiā
家 ＿＿＿＿ ＿＿＿＿
（家）

hē
喝 ＿＿＿＿ ＿＿＿＿
（飲む）

chī
吃 ＿＿＿＿ ＿＿＿＿
（食べる）

tīng
听 ＿＿＿＿ ＿＿＿＿
（聞く）

（第二声）

huí
回 ＿＿＿＿ ＿＿＿＿
（戻る）

lái
来 ＿＿＿＿ ＿＿＿＿
（来る）

táo
桃 ＿＿＿＿ ＿＿＿＿
（桃）

lí
梨 ＿＿＿＿ ＿＿＿＿
（梨）

xié
鞋 ＿＿＿＿ ＿＿＿＿
（靴）

táng
糖 ＿＿＿＿ ＿＿＿＿
（砂糖）

（第三声）

wǒ
我
（私）
＿＿＿＿ ＿＿＿＿

nǐ
你
（あなた）
＿＿＿＿ ＿＿＿＿

xǐ
洗
（洗う）
＿＿＿＿ ＿＿＿＿

mǎi
买
（買う）
＿＿＿＿ ＿＿＿＿

jiǔ
酒
（お酒）
＿＿＿＿ ＿＿＿＿

shǒu
手
（手）
＿＿＿＿ ＿＿＿＿

（第四声）

fàn
饭
（食事）
＿＿＿＿ ＿＿＿＿

cài
菜
（おかず）
＿＿＿＿ ＿＿＿＿

kàn
看
（見る）
＿＿＿＿ ＿＿＿＿

qù
去
（行く）
＿＿＿＿ ＿＿＿＿

chàng
唱
（歌う）
＿＿＿＿ ＿＿＿＿

zuò
坐
（座る）
＿＿＿＿ ＿＿＿＿

四声の組み合わせの練習

CD2 8

　2語の単語を使って、声調のすべての組み合わせを練習します。それぞれの組み合わせのリズムをつかんでおきましょう。

（第一声＋第一声）

pīn yīn	jīn tiān	kā fēi
拼音	今天	咖啡
（ピンイン）	（今日）	（コーヒー）
cān tīng	zhōng cān	xī cān
餐厅	中餐	西餐
（レストラン）	（中華料理）	（洋食）

（第一声＋第二声）

huā chá	wēn quán	gōng yuán
花茶	温泉	公园
（ジャスミン茶）	（温泉）	（公園）
xīn wén	zhōng guó	fēng gé
新闻	中国	风格
（ニュース）	（中国）	（スタイル）

（第一声＋第三声）

shēn tǐ	fēng jǐng	gē qǔ
身体	风景	歌曲
（身体）	（景色）	（歌）
suān nǎi	biāo yǔ	fāng fǎ
酸奶	标语	方法
（ヨーグルト）	（スローガン）	（方法）

（第一声＋第四声）

tiān qì	gōng zuò	yī yuàn
天气	工作	医院
（天気）	（仕事）	（病院）
chāo shì	yīn yuè	chē zhàn
超市	音乐	车站
（スーパー）	（音楽）	（駅）

（第二声＋第一声）

| shí jiān 时间 （時間） | zuó tiān 昨天 （昨日） | míng tiān 明天 （明日） |
| shí zhuāng 时装 （ファッション） | huá bīng 滑冰 （スケート） | qíng tiān 晴天 （晴天） |

（第二声＋第二声）

| hóng chá 红茶 （紅茶） | yín háng 银行 （銀行） | yóu jú 邮局 （郵便局） |
| xué xí 学习 （学習） | zú qiú 足球 （サッカー） | tóng xué 同学 （同級生） |

（第二声＋第三声）

| pí jiǔ 啤酒 （ビール） | hóng jiǔ 红酒 （赤ワイン） | niú nǎi 牛奶 （牛乳） |
| tián diǎn 甜点 （デザート） | píng guǒ 苹果 （リンゴ） | yóu yǒng 游泳 （水泳） |

（第二声＋第四声）

| tóng shì 同事 （同僚） | xué xiào 学校 （学校） | yóu xì 游戏 （ゲーム） |
| jié mù 节目 （番組） | zá zhì 杂志 （雑誌） | yóu jiàn 邮件 （メール） |

103

（第三声＋第一声）

zǎo cān 早餐 （朝食）	wǔ cān 午餐 （昼食）	wǎn cān 晚餐 （夕食）
měi tiān 每天 （毎日）	shǒu jī 手机 （携帯電話）	wǎng bā 网吧 （ネットカフェ）

（第三声＋第二声）

lǚ yóu 旅游 （旅行）	wǎng qiú 网球 （テニス）	yǎn yuán 演员 （俳優）
měi guó 美国 （アメリカ）	dǎo yóu 导游 （ガイド）	měi shí 美食 （グルメ）

（第三声＋第三声）

shǒu biǎo 手表 （腕時計）	shuǐ jiǎo 水饺 （水餃子）	yǔ sǎn 雨伞 （傘）
shuǐ guǒ 水果 （果物）	wǔ dǎo 舞蹈 （ダンス）	hǎo jiǔ 好久 （長い間）

（注意）「第三声＋第三声」→「第二声＋第三声」と発音します。
ただし、声調表記はそのままで変わりません。

（第三声＋第四声）

tǐ yù 体育 （スポーツ）	bǐ sài 比赛 （試合）	jiǔ diàn 酒店 （ホテル）
yǐn liào 饮料 （飲み物）	kě lè 可乐 （コーラ）	chǎo fàn 炒饭 （チャーハン）

（第四声＋第一声）

dàn gāo	kuài cān	diàn chē
蛋糕	快餐	电车
（ケーキ）	（ファストフード）	（電車）
cài dān	jù cān	rì cān
菜单	聚餐	日餐
（メニュー）	（会食）	（日本料理）

（第四声＋第二声）

dà xué	lǜ chá	bàng qiú
大学	绿茶	棒球
（大学）	（緑茶）	（野球）
diào yú	xìng fú	jià gé
钓鱼	幸福	价格
（釣り）	（幸福）	（価格）

（第四声＋第三声）

dì tiě	diàn nǎo	diàn yǐng
地铁	电脑	电影
（地下鉄）	（パソコン）	（映画）
hàn yǔ	bào zhǐ	rì běn
汉语	报纸	日本
（中国語）	（新聞）	（日本）

（第四声＋第四声）

diàn huà	diàn shì	ài hào
电话	电视	爱好
（電話）	（テレビ）	（趣味）
yùn dòng	gòu wù	dòng màn
运动	购物	动漫
（運動）	（ショッピング）	（アニメ）

⑦ 3字の単語の発音練習

3字の単語を使って発音練習をします。1字1字を丁寧にしっかり発音することを心がけましょう。

wū lóng chá
乌龙茶
（ウーロン茶）

pǔ ěr chá
普洱茶
（プーアル茶）

jú huā chá
菊花茶
（菊の花のお茶）

huí guō ròu
回锅肉
（ホイコーロー）

hóng shāo ròu
红烧肉
（豚の角煮）

bā bǎo cài
八宝菜
（八宝菜）

biàn lì diàn
便利店
（コンビニエンスストア）

mài dāng láo
麦当劳
（マクドナルド）

xīng bā kè
星巴克
（スターバックス）

kěn dé jī
肯德基
（ケンタッキー）

kā fēi tīng
咖啡厅
（喫茶店）

kuài cān tīng
快餐厅
（ファストフード店）

⑧ 4字の単語の発音練習

4字の単語を使って発音練習をします。1字1字を丁寧にしっかり発音することを心がけましょう。

qīng jiāo ròu sī
青椒肉丝
（チンジャオロース）

má pó dòu fu
麻婆豆腐
（麻婆豆腐）

gān shāo xiā rén
干烧虾仁
（エビのチリソース）

má pó qié zi
麻婆茄子
（麻婆ナス）

xìng rén dòu fu
杏仁豆腐
（杏仁豆腐）

jiǔ zú fàn bǎo
酒足饭饱
（お酒も食事も大満足）

shùn qí zì rán
顺其自然
（成り行きに任せる）

xīn xiǎng shì chéng
心想事成
（願いが叶う）

yí jiàn zhōng qíng
一见钟情
（一目ぼれ）

yì xiāng qíng yuàn
一相情愿
（片思い）

ēn ài fū qī
恩爱夫妻
（おしどり夫婦）

xián qī liáng mǔ
贤妻良母
（良妻賢母）

⑨ 日本の地名・人名

CD2 14

日本の主要な地名と人名を中国語の発音で読んでみましょう。会話で使うこともあります。簡体字の表記も知っておきましょう。

（都道府県）

北海道	běi hǎi dào **北海道**	青森県	qīng sēn xiàn **青森县**
岩手県	yán shǒu xiàn **岩手县**	宮城県	gōng chéng xiàn **宫城县**
秋田県	qiū tián xiàn **秋田县**	山形県	shān xíng xiàn **山形县**
福島県	fú dǎo xiàn **福岛县**	茨城県	cí chéng xiàn **茨城县**
栃木県	lì mù xiàn **栃木县**	群馬県	qún mǎ xiàn **群马县**
埼玉県	qí yù xiàn **埼玉县**	千葉県	qiān yè xiàn **千叶县**
東京都	dōng jīng dū **东京都**	神奈川県	shén nài chuān xiàn **神奈川县**

新潟県	xīn xì xiàn **新潟县**	富山県	fù shān xiàn **富山县**
石川県	shí chuān xiàn **石川县**	福井県	fú jǐng xiàn **福井县**
山梨県	shān lí xiàn **山梨县**	長野県	cháng yě xiàn **长野县**
岐阜県	qí fù xiàn **歧阜县**	静岡県	jìng gāng xiàn **静冈县**
愛知県	ài zhī xiàn **爱知县**	三重県	sān chóng xiàn **三重县**
滋賀県	zī hè xiàn **滋贺县**	京都府	jīng dū fǔ **京都府**
大阪府	dà bǎn fǔ **大阪府**	兵庫県	bīng kù xiàn **兵库县**
奈良県	nài liáng xiàn **奈良县**	和歌山県	hé gē shān xiàn **和歌山县**
鳥取県	niǎo qǔ xiàn **鸟取县**	島根県	dǎo gēn xiàn **岛根县**

岡山県	gāng shān xiàn **冈山县**	広島県	guǎng dǎo xiàn **广岛县**
山口県	shān kǒu xiàn **山口县**	徳島県	dé dǎo xiàn **德岛县**
香川県	xiāng chuān xiàn **香川县**	愛媛県	ài yuán xiàn **爱媛县**
高知県	gāo zhī xiàn **高知县**	福岡県	fú gāng xiàn **福冈县**
佐賀県	zuǒ hè xiàn **佐贺县**	長崎県	cháng qí xiàn **长崎县**
熊本県	xióng běn xiàn **熊本县**	大分県	dà fēn xiàn **大分县**
宮崎県	gōng qí xiàn **宫崎县**	鹿児島県	lù ěr dǎo xiàn **鹿儿岛县**
沖縄県	chōng shéng xiàn **冲绳县**		

（主要都市）

CD2 15

札幌	zhá huǎng **札幌**	東京	dōng jīng **东京**
横浜	héng bīn **横滨**	名古屋	míng gǔ wū **名古屋**
大阪	dà bǎn **大阪**	京都	jīng dū **京都**
奈良	nài liáng **奈良**	神戸	shén hù **神户**
広島	guǎng dǎo **广岛**	福岡	fú gāng **福冈**
長崎	cháng qí **长崎**	那覇	nà bà **那霸**

（日本人の苗字ベスト 10）

CD2 16

① 佐藤	zuǒ téng **佐藤**	② 鈴木	líng mù **铃木**
③ 高橋	gāo qiáo **高桥**	④ 田中	tián zhōng **田中**
⑤ 渡辺	dù biān **渡边**	⑥ 伊藤	yī téng **伊藤**
⑦ 山本	shān běn **山本**	⑧ 中村	zhōng cūn **中村**
⑨ 小林	xiǎo lín **小林**	⑩ 加藤	jiā téng **加藤**

⑩ 中国の地名・人名

CD2 17

　中国の主要な地名・人名を中国語の発音で読んでみましょう。会話をはじめ使う機会が多いので、練習しておくときっと役立ちます。

（省・省都）

黒竜江省	hēi lóng jiāng shěng **黑龙江省**	ハルビン	hā ěr bīn **哈尔滨**
吉林省	jí lín shěng **吉林省**	長春	cháng chūn **长春**
遼寧省	liáo níng shěng **辽宁省**	瀋陽	shěn yáng **沈阳**
河北省	hé běi shěng **河北省**	石家荘	shí jiā zhuāng **石家庄**
山東省	shān dōng shěng **山东省**	済南	jǐ nán **济南**
山西省	shān xī shěng **山西省**	太原	tài yuán **太原**
江蘇省	jiāng sū shěng **江苏省**	南京	nán jīng **南京**
安徽省	ān huī shěng **安徽省**	合肥	hé féi **合肥**

河南省	hé nán shěng **河南省**	鄭州	zhèng zhōu **郑州**
浙江省	zhè jiāng shěng **浙江省**	杭州	háng zhōu **杭州**
福建省	fú jiàn shěng **福建省**	福州	fú zhōu **福州**
江西省	jiāng xī shěng **江西省**	南昌	nán chāng **南昌**
湖北省	hú běi shěng **湖北省**	武漢	wǔ hàn **武汉**
湖南省	hú nán shěng **湖南省**	長沙	cháng shā **长沙**
広東省	guǎng dōng shěng **广东省**	広州	guǎng zhōu **广州**
海南省	hǎi nán shěng **海南省**	海口	hǎi kǒu **海口**
四川省	sì chuān shěng **四川省**	成都	chéng dū **成都**
貴州省	guì zhōu shěng **贵州省**	貴陽	guì yáng **贵阳**

雲南省	yún nán shěng **云南省**	昆明	kūn míng **昆明**
陝西省	shǎn xī shěng **陕西省**	西安	xī ān **西安**
甘粛省	gān sù shěng **甘肃省**	蘭州	lán zhōu **兰州**
青海省	qīng hǎi shěng **青海省**	西寧	xī níng **西宁**
台湾省	tái wān shěng **台湾省**	台北	tái běi **台北**

（自治区）

CD2 18

内モンゴル 自治区	nèi měng gǔ zì zhì qū **内蒙古自治区**	フフホト	hū hé hào tè **呼和浩特**
広西チワン 族自治区	guǎng xī zhuàng zú zì zhì qū **广西壮族自治区**	南寧	nán níng **南宁**
チベット 自治区	xī zàng zì zhì qū **西藏自治区**	ラサ	lā sà **拉萨**
寧夏回族 自治区	níng xià huí zú zì zhì qū **宁夏回族自治区**	銀川	yín chuān **银川**
新疆ウイグル 自治区	xīn jiāng wéi wú ěr zì zhì qū **新疆维吾尔自治区**	ウルムチ	wū lǔ mù qí **乌鲁木齐**

114

（特別行政区）

CD2 19

香港特別行政区
xiāng gǎng tè bié xíng zhèng qū
香港特别行政区

マカオ特別行政区
ào mén tè bié xíng zhèng qū
澳门特别行政区

（直轄市）

CD2 20

北京
běi jīng
北京

天津
tiān jīn
天津

上海
shàng hǎi
上海

重慶
chóng qìng
重庆

（中国人の苗字ベスト 10）

CD2 21

① 李
lǐ
李

② 王
wáng
王

③ 張
zhāng
张

④ 劉
liú
刘

⑤ 陳
chén
陈

⑥ 楊
yáng
杨

⑦ 趙
zhào
赵

⑧ 黄
huáng
黄

⑨ 周
zhōu
周

⑩ 呉
wú
吴

115

中国人のあいさつ

　中国では、基本的なあいさつは「你好」です。しかし、近所の人同士や会社の同僚など、いつも会う人の間では「你好」はあまり使いません。実は、中国人のあいさつは何でもありと言っても過言ではないほど多様です。

　近所の人に対しては、相手の様子などを見て、「お出かけですか」、「買い物ですか」と声をかけるのも立派なあいさつです。声をかけられる側はそれに応答すれば、あいさつを交わしたことになります。

　つまり、その時々の相手の状況や様子に合わせて声をかけるのが中国流のあいさつなのです。

第**3**部

発音トレーニング
フレーズ編

よく使う日常会話フレーズや常用表現で中国語の発音を練習しましょう。必ず自分でも声に出して発音するようにしてください。また、記入欄を設けてあるので、書く練習もしてみましょう。フレーズが覚えられるとともに、簡体字に慣れることもできます。

CD2 22 ～ CD2 30

発音例の音声にはポーズが設けてあります。ネイティブ音声を真似て自分でも声に出して発音しましょう。

① 2字の日常会話フレーズ

`CD2` 22

　2字の日常会話フレーズの発音練習をしてみましょう。発音を覚えたら、自分でも書いてみて、簡体字も覚えるようにしましょう。

zài jiàn

再见。　さようなら。

発音のコツ　2文字とも第四声ですが、「**再**」は「**见**」より少し強く発音しましょう。また、子音「z」「j」ともに出だしを少し強めに発音し、口を大きく開けてしっかりと母音「a」を発音しましょう。

―――――――――　―――――――――

xiè xie

谢谢。　ありがとうございます。

発音のコツ　最初の「**谢**」はやや強めに長めに、2番目の「**谢**」は軽く短く発音しましょう。また、子音「x」は舌先を意識しながら発音しましょう。日本語の「エ」の発音で終わるようなイメージです。

―――――――――　―――――――――

duō xiè

多谢。　ありがとうございます。

発音のコツ　「**多**」は口をまず母音「u」の形にしてから、少しずつ左右に開きながら発音しましょう。第四声の「**谢**」は声調をストンと落とすように発音しましょう。

―――――――――　―――――――――

nǐ hǎo
你好。 こんにちは。

発音のコツ 第三声と第三声の組み合わせですが、ピンインのルールによって、最初の第三声の「你」を第二声で発音しましょう。低く始め、高く上げる、その過程を意識しながら発音します。高く上げた後に少し力が抜けるようなイメージで「好」を発音しましょう。

―――――――――― ――――――――――

nín hǎo
您好。 こんにちは。（丁寧な言い方）

発音のコツ 「你好」と同じ声調で発音しましょう。ただし、「你好」との違いは「nín」の語尾の「n」を意識しながら発音することです。

―――――――――― ――――――――――

dāng rán
当然。 もちろんです。

発音のコツ 「当」は高くまっすぐ伸ばしながら、口を開けてしっかり鼻母音「ang」の発音をします。語尾の「ン」を意識しましょう。「当」の高さをキープしたまま、一気に上げるように「然」を発音しましょう。

―――――――――― ――――――――――

kě yǐ

可以。 いいですよ。

発音のコツ 第三声と第三声の組み合わせなので、「可」は第二声で発音します。低く始め、高く上げる、その過程を意識しながら発音しましょう。「可」の後に、低く抑えながら軽声に近いような感覚で「以」を発音しましょう。

———————— ————————

hǎo ba

好吧。 いいですよ。

発音のコツ 低く始めることを意識して、低いまま「好」を発音しましょう。その後、口を閉じて、すぐに開けて軽く「吧」を発音しましょう。相手に心地よい感じを与えたい場合には、「好」を少し大げさに発音するのがコツです。

———————— ————————

hǎo de

好的。 いいですよ。

発音のコツ 基本的に「好吧」と同じ感覚で発音しましょう。「好」を発音した後に、舌先を上の歯の後ろに付けて、離しながら発音しましょう。

———————— ————————

bái bái
拜拜。

バイバイ。

発音のコツ　英語の発音を当て字にした言葉です。英語の発音そのままで大丈夫です。2番目の「拜」は軽声ではないので、気をつけましょう。

_____　　_____

コーヒーブレイク　6

疑問文は語尾を上げない

・・

　中国語では、疑問文を話すときに語尾を上げません。というのは、ごく少数の例外を除き、疑問文には疑問を表す言葉が必ずあって、それで疑問文であることがわかるからです。言い換えれば、疑問を表す言葉がないと疑問文ではないということになります。

　例えば、日本語では「食べる？」と語尾を上げれば疑問として受け取られるに対して、中国語では「吃？」といくら語尾を上げても相手に疑問だと認識してもらえません。

② 3字の日常会話フレーズ

CD2 23

　3字の日常会話フレーズの発音練習をしてみましょう。発音を覚えたら、自分でも書いてみて、簡体字も覚えるようにしましょう。

zǎo shang hǎo

早上好。　　おはようございます。

発音のコツ　低く抑えながら「早」を発音し、そのまま軽く「上」を発音し、さらに低く抑えたまま「好」を発音しましょう。「早」と「好」の母音「a」をしっかり発音しましょう。

_____　_____

wǎn shang hǎo

晚上好。　　こんばんは。

発音のコツ　「早上好」とまったく同じ要領で発音しましょう。終始低く抑えることに気をつけましょう。「上」はかすかな程度で軽く発音しましょう。

_____　_____

nǐ hǎo ma

你好吗?　　お元気ですか。

発音のコツ　「你」は低く抑えながら発音しましょう。「好」を少し強めに長めに発音し、語尾の「吗」は軽く短く、決して上げないように気をつけましょう。

_____　_____

wǒ hěn hǎo
我很好。　　私は元気です。

発音のコツ　「**我**」は低く抑えながら発音し、次の「**很好**」は第三声＋第三声の組み合わせなので、一気に上げるというイメージです。「**很**」は口をあまり開けないで、日本語の「エ」→「ン」のようなイメージで声調を上げながら発音し、その後、低く抑えて「**好**」を発音しましょう。

_____　_____

nǐ máng ma
你忙吗?　　あなたは忙しいですか。

発音のコツ　低く抑えた「**你**」の後に、母音「a」をしっかり口を開けながら、一気に声調を上げるように発音しましょう。

_____　_____

wǒ hěn máng
我很忙。　　私は忙しいです。

発音のコツ　「**我**」と「**很**」は低く抑えながら発音し、その後一気に声調を上げるように発音しましょう。

_____　_____

wǒ bù máng
我不忙。 私は忙しくありません。

発音のコツ 第四声の「不」は最初から一気に下げるように発音し、その後すぐに第二声の「忙」を上げるように発音します。アップダウンが大きいですが、「不」を意識して発音しましょう。

—————————— ——————————

duì bu qǐ
对不起。 すみません。

発音のコツ 「对」は一気に下げるように発音しましょう。「不」は軽声なので、閉じた口を少し開けて「bu」を発音し、その後、低く抑えながら日本語の「チ」を発音しましょう。

—————————— ——————————

bié kè qi
别客气。 どういたしまして。

発音のコツ 「别」は低く始め、一気に上げることを意識して発音し、その後にまた一気に下げるように「客」を発音しましょう。「客」と「气」は決して口を開けすぎないようにしましょう。2つの「e」は違う発音となるので、気をつけましょう。

—————————— ——————————

bú kè qi

不客气。　どういたしまして。

【発音のコツ】　発音の要領は「**别客气**」と同じです。頭の第二声を意識
してください。また、「**气**」は軽声なので、軽く短く発音します。決して
伸ばさないように気をつけましょう。

―――――――――　―――――――――

méi guān xi

没关系。　かまいません。

【発音のコツ】　「**关**」は母音の「u」→「an」へと、口を尖らせた後に左
右に開きながら、その流れを意識して発音しましょう。「**系**」は日本語
の「シ」と軽く短く発音しましょう。

―――――――――　―――――――――

tài hǎo le

太好了。　よかったですね。

【発音のコツ】　第四声の「**太**」は頭から一気に下げて、その勢いのまま
「**好了**」を少し軽めに発音します。強調したい場合は「**太**」を強めに発音
しましょう。

―――――――――　―――――――――

tài bàng le

太棒了。 すばらしいです。

発音のコツ 「太」と「棒」はどちらも第四声で、頭から一気に下げますが、母音「a」をしっかりと発音しましょう。「了」は軽く短く、口を開けすぎないようにしましょう。

zhēn gāo xìng

真高兴。 嬉しいです。

発音のコツ 「真」は口先を意識して口を開けすぎないように発音しましょう。その後、少し口を開けて声調をそのままにして「高」を発音し、その後、声調を下げながら「兴」を発音します。必ず「ン」の発音で終わることを意識しましょう。

gōng xǐ nǐ

恭喜你。 おめでとうございます。

発音のコツ 第一声の「恭」を発音した後、低く抑えながら「喜」を発音しましょう。最後の「你」は低いままかすかな程度で軽く発音しましょう。

bài tuō le

拜托了。 お願いします。

発音のコツ 子音「b」をしっかり発音しましょう。「托」の複合母音「u」→「o」の口の形の変化を意識しましょう。

―――――――――　―――――――――

méi wèn tí

没问题。 大丈夫です。

発音のコツ 第二声の「没」は、声調を上げてから次の第四声に備えて下げることを意識しましょう。「题」は第二声ですが、「问」の後、半分くらい上げる程度で発音しましょう。

―――――――――　―――――――――

bié zháo jí

别着急。 焦らないでください。

発音のコツ 第二声が3つ続きますが、「别」を特に上げることを意識しましょう。「着急」は少し弱めに発音すれば大丈夫です。

―――――――――　―――――――――

bié jiè yì
別介意。 気にしないでください。

発音のコツ　母音「ie」をしっかりと発音しましょう。「**介意**」の2文字はどちらも第四声ですが、「**意**」はやや軽く発音しましょう。

―――――――――　―――――――――

dōu guài nǐ
都怪你。 あなたのせいです。

発音のコツ　複合母音「ou」は、左右に開いた口を前に尖らせながら発音しましょう。また、複合母音「uai」の「a」をしっかり発音して、「a」→「i」の口の形の変化を意識しましょう。

―――――――――　―――――――――

zhēn diū rén
真丢人。 面目がありません。

発音のコツ　複合母音「iu」は口を尖らせながら発音しましょう。また、子音「r」は舌先が口の上部に付かないように気をつけましょう。

―――――――――　―――――――――

gào cí le
告辞了。　失礼します。

発音のコツ　声調を一気に下げて、また半分くらい上げましょう。「辞」は母音「i」を意識して、口を左右に開いたまま発音しましょう。

———————　———————

huí tóu jiàn
回头见。　またのちほど。

発音のコツ　「回」の第二声をしっかり上げて、また半分くらい下げてから、次の「头」の第二声を上げます。声調が上がった状態から少し抑えながら「见」を発音しましょう。

———————　———————

duō bǎo zhòng
多保重。　お大事に。

発音のコツ　「保」は低く抑えながら発音しますが、その後が第四声なので、少し上げてから一気に下げるように「重」を発音しましょう。

———————　———————

zěn me le
怎么了?　　どうしましたか。

発音のコツ　「怎」は低く抑えながら、少し強めに発音しましょう。次の「么了」はどちらも軽声なので、軽く短く発音します。特に「么」を軽くしましょう。

―――――――――　―――――――――

gǎo dìng le
搞定了。　　うまく解決しました。

発音のコツ　低く抑えながら「搞」を発音した後、少し上げてまた下げるように「定」をやや強めに発音しましょう。

―――――――――　―――――――――

中国茶について

　中国茶と言えば、多くの日本人はウーロン茶のことだと思っているかもしれません。実は中国で一番よく飲まれているお茶はウーロン茶ではなくジャスミン茶です。

　中国人はとにかくよくお茶を飲みます。蓋付きの大きな湯呑みにそのまま茶葉を入れ熱湯を注ぎます。お茶は全部飲み切らずに少し残しておき、また熱湯を注ぎ、また飲みます。このように２、３回繰り返してお茶を楽しむのです。

　脂っこい中華料理を中国茶で洗い流す——よくお茶を飲むのは、それが理に適っているからかもしれません。

③ 4字の日常会話フレーズ

CD2 24

4字の日常会話フレーズの発音練習をしてみましょう。発音を覚えたら、自分でも書いてみて、簡体字も覚えるようにしましょう。

xīn nián kuài lè
新年快乐。
あけましておめでとう。

発音のコツ 第一声の「新」を発音した後に、そのまま一気に上げて「年」を発音しましょう。「快」の複合母音「uai」の口の形の変化を意識しましょう。

_____ _____

shēng rì kuài lè
生日快乐。
お誕生日おめでとう。

発音のコツ 「生」は口をやや左右に開き、少し巻き舌にした形で後ろに引きながら発音しましょう。「ン」で終わることを意識しましょう。

_____ _____

gōng xǐ gōng xǐ
恭喜恭喜。
おめでとうございます。

発音のコツ 高く始め、その後、低く抑えるというイメージで「恭喜」を発音しましょう。2番目の「恭喜」は少し弱めに発音しましょう。

_____ _____

gōng xǐ fā cái

恭喜发财。 儲かりますように。

発音のコツ 「发财」の母音「a」はしっかり口を開けて発音しましょう。「财」は第二声ですが、語尾にある場合、伸ばさないように気をつけましょう。「i」はかすかに聞こえる程度に軽く発音しましょう。

yí lù píng ān

一路平安。 道中ご無事に。

発音のコツ 上げ、下げ、また上げ、という形ですが、「一」をしっかりと上げてください。「平」の鼻母音「ing」をしっかりと発音しましょう。

yì fān fēng shùn

一帆风顺。 順風満帆でありますように。

発音のコツ 「帆」の母音「a」は口を開けて発音しましょう。また「风」の鼻母音「eng」は口を左右にやや開いて発音しましょう。

lǚ tú yú kuài
旅途愉快。 楽しい旅でありますように。

発音のコツ 「**旅途愉**」は３文字とも口の形が同様で、口を前に尖ら
せたまま発音して、その後に左右に開きながら「**快**」を発音しましょう。

――――――――― ―――――――――

zhù nǐ hǎo yùn
祝你好运。 グッドラック。

発音のコツ 「**祝**」は一気に下げた後に、そのまま低い状態で「**你好**」
を発音しましょう。母音「yun」は唇を尖らせて発音しましょう。

――――――――― ―――――――――

nǐ méi shì ba
你没事吧? 大丈夫ですか。（相手を気遣う言い方）

発音のコツ 「**你**」を軽く短く発音した後、一気に上げて、「**没**」と
「**事**」をやや強調気味に発音します。特に「**没**」を強調するように発音し
ましょう。

――――――――― ―――――――――

máng shén me ne
忙什么呢?　どんなことで忙しいですか。

第3部　発音トレーニング　フレーズ編

発音のコツ　低い状態から高く上げるように発音し、鼻母音「ang」は口を大きく開けて発音しましょう。「呢」は舌先が上に付いた後に離すという感じで軽く発音しましょう。

_____　_____

nǐ máng nǐ de
你忙你的。　かまわないでください。

発音のコツ　「你」を低く始めて、「忙」をしっかり上げるようにして、また低く抑えながら「你」を発音しましょう。

_____　_____

nǐ yǒu shì ma
你有事吗?　何かご用ですか。

発音のコツ　「有」の複合母音「iou」は、「i」→「o」→「u」という口の形の変化をしっかり意識しながら発音しましょう。

_____　_____

găi tiān zài liáo
改天再聊。
また今度話しましょう。

発音のコツ　複合母音の中の「a」は口を開けて発音しましょう。また、最後の「iao」は「i」→「ao」という口の形の変化をしっかり意識しましょう。

---

má fan nǐ le
麻烦你了。
ご迷惑をおかけしました。

発音のコツ　低い状態から一気に上げるように第二声の「**麻**」を発音し、そのまま軽く「**烦**」を発音しましょう。舌先を口の上部にしっかり付けてから、離して「**你**」を発音しましょう。

---

dă răo nǐ le
打扰你了。
お邪魔しました。

発音のコツ　「**打扰你**」の３文字とも第三声で、終始低く抑えながら発音することを意識しましょう。

---

nǐ zěn me le
你怎么了? どうしたのですか。

発音のコツ 「你」と「怎」はどちらも第三声ですが、「你」を少し軽めに、「怎」をしっかりと発音しましょう。

---

zěn me yàng le
怎么样了? どうなりましたか。

発音のコツ 「怎么」を低く抑えながら発音した後、少し上げてまた一気に下げながら「样」を発音しましょう。鼻母音「ang」は、口の奥から音を出すことを意識しましょう。

---

shén me qíng kuàng
什么情况? どのような状況ですか。

発音のコツ 「情」の声調をしっかり上げて発音した後に、一気に下げて「况」を発音しましょう。鼻母音の「ing」と「uang」の語尾「ン」を意識しましょう。

zěn me bàn ne
怎么办呢？ どうすればいいですか。

発音のコツ　「办」の子音「b」は、しっかり口を閉じてから唇に少し力を入れて発音しましょう。

---

wǒ gāi zǒu le
我该走了。 そろそろ失礼します。

発音のコツ　第一声の「该」を発音した後に、低く抑えて「走」を発音しましょう。「走」の子音「z」は少し力を入れて左右に開いた口を前に尖らせながら発音しましょう。

---

wǒ xiān zǒu le
我先走了。 お先に失礼します。

発音のコツ　「先」の子音「x」は、なるべく口先を意識して、日本語の「シ」と同じイメージで発音しましょう。

---

yì yán wéi dìng

一言为定。 約束ですよ。

【発音のコツ】 頭から一気に下げて、またすぐに一気に上げるように発音しましょう。「言」の鼻母音「an」をしっかり発音しましょう。

_____ _____

bú jiàn bú sàn

不见不散。 来るまで待っています。

【発音のコツ】 第二声と第四声の繰り返しになりますが、第二声をしっかり上げることを意識しましょう。また、鼻母音の「ian」と「an」は、しっかり口を開けて発音しましょう。

_____ _____

shuō huà suàn huà

说话算话。 約束を守ってください。

【発音のコツ】 4文字ともに口の形を変えながら発音しますが、尖らせた唇を左右に開きながら発音することを意識しましょう。

_____ _____

lù shang xiǎo xīn

路上小心。 気をつけてください。

発音のコツ 「路」の声調を一気に下げてから、そのまま軽く「上」を発音しましょう。また、低く抑えながら「小」を発音し、その後、少し高くして「心」を発音しましょう。

---

zhù yì ān quán

注意安全。 気をつけてください。

発音のコツ 「注意」は２文字ともに第四声ですが、「注」をしっかり下げて、半分戻して、「意」を発音しましょう。「全」の鼻母音「uan」は、口の形の変化をしっかりと意識しましょう。

---

shì wǒ bù hǎo

是我不好。 私が悪かったです。

発音のコツ 「是」をしっかり下げながら発音し、低いまま「我」を発音します。「不好」も同じように発音します。「好」の母音「ao」をしっかりと発音しましょう。

---

bié shēng qì le
别生气了。
怒らないでください。

発音のコツ 「别」はしっかりと上げて発音しましょう。上がった状態で「生」を発音し、また一気に下げましょう。

_____　_____

wǒ tīng nǐ de
我听你的。
あなたの言う通りにします。

発音のコツ 「听」の有気音の子音「t」をしっかり発音しましょう。また鼻母音「ing」は、口の形を最後まで変えないで発音しましょう。

_____　_____

nǐ shuō le suàn
你说了算。
あなたが決めてください。

発音のコツ 「说」と「算」はどちらも尖らせた唇を左右に開きながら発音しましょう。口の形の変化をしっかりと意識しましょう。

_____　_____

5字の日常会話フレーズ

CD2 25

5字の日常会話フレーズの発音練習をしてみましょう。発音を覚えたら、自分でも書いてみて、簡体字も覚えるようにしましょう。

hǎo jiǔ bú jiàn le
好久不见了。 お久しぶりです。

発音のコツ 「**好久**」はどちらも低く抑えるのがポイントです。その後、一気に上げて、次に、半分に下げるように発音しましょう。

_____ _____

nǐ shēn tǐ hǎo ma
你身体好吗? お元気ですか。

発音のコツ 「**身**」の高い第一声の後、低く抑えて「**体**」を発音し、その低い状態をキープしながら「**好**」を発音しましょう。

_____ _____

zuì jìn zěn me yàng
最近怎么样? 最近いかがですか。

発音のコツ 「**最近**」は両方とも第四声ですが、「**最**」を頭から一気に下げて、その後、半分戻してまた下げるイメージで発音しましょう。

_____ _____

yí qiè dōu hǎo ma

一切都好吗？　すべて順調ですか。

発音のコツ　「切」の子音「q」「チ」をしっかりと声調を下げながら発音しましょう。「好」を決して上げないように。

_____　_____

tài xiè xie nǐ le

太谢谢你了。　心から感謝します。

発音のコツ　「太」は頭から一気に下げるように発音しましょう。その後、少し戻して「谢谢」を発音しましょう。

_____　_____

nǐ tài kè qi le

你太客气了。　どういたしまして。

発音のコツ　「太」は少し強調気味に発音するため、「你」を少し軽く短く発音しましょう。また、「太」の発音の後に、開いた口の形をそのままキープしながら「客」を発音しましょう。

_____　_____

bié gēn wǒ kè qi

别跟我客气。

私に遠慮しないでください。

発音のコツ 唇に少し力を入れて、子音「b」をはっきりと発音しましょう。「别」と「跟」の口の形はほぼ同じで、その後、唇を尖らせて「我」を発音しましょう。

——————————————— ———————————————

bié wǎng xīn li qù

别往心里去。

お気になさらないでください。

発音のコツ 「别」の第二声の後に、低く抑えながら「往」を発音しましょう。鼻母音「ang」は喉の奥から声を出すように意識して発音しましょう。

——————————————— ———————————————

bié tài jiè yì le

别太介意了。

あまり気にしないでください。

発音のコツ 「介」は口を左右に開いた状態で発音し、その後、口の形を変えずに「意」を発音しましょう。

——————————————— ———————————————

ràng nǐ jiàn xiào le
让你见笑了。 お見苦しいところを見せてしまいました。

発音のコツ 「让」をしっかり声調を下げて発音しましょう。子音「r」は舌先を口の上部に付けないように気をつけましょう。「见笑」の声調は少し下げる程度で大丈夫です。

---

ràng nǐ fèi xīn le
让你费心了。 ご心配をおかけしました。

発音のコツ 「让」は声調を一気に下げて、その後、低いまま「你」を発音します。「让你」の組み合わせは頻繁に出てくるので、1つのかたまりの発音として覚えておきましょう。

---

ràng nǐ pò fèi le
让你破费了。 散財させてしまいました。

発音のコツ 「破」の子音「p」は有気音なので、しっかりと息を出すように発音しましょう。また、「费」の子音「f」は上の歯が下の唇の内側に軽く付くように発音しましょう。

zǎo diǎnr xiū xi
早点儿休息。 早くお休みください。

発音のコツ 「早」と「点儿」は２つとも第三声ですが、ここでは「早」は第二声として読まないで、第三声のままで発音します。

_____ _____

hǎo hāor xiū xi
好好儿休息。 ゆっくりお休みください。

発音のコツ 最初の「好」とその後の「好儿」の声調が異なることに気をつけましょう。低く抑えながら最初の「好」を発音し、その後、なるべく声調を高く上げて「好儿」を発音しましょう。

_____ _____

bù dǎ rǎo nǐ le
不打扰你了。 そろそろ失礼します。

発音のコツ 「打扰」の「打」を第二声で発音しましょう。「打」の後は下げて低く抑えながら「扰你」を発音しましょう。

_____ _____

nǐ kàn zhe bàn ba

你看着办吧。 あなたが判断してください。

発音のコツ　低く抑えながら「你」を発音して、少し上げた後、一気に下げて「看」を発音し、声調をそのままキープして「着」を軽く短く発音しましょう。「办吧」は「看着」と同じ要領で発音しましょう。

jiù zhè me zhāo le

就这么着了。 このようにしましょう。

発音のコツ　「这」は単母音「e」の発音なので、喉の奥から声を出すように発音しましょう。また、「着」の発音に注意しましょう。

jiù zhè me dìng le

就这么定了。 このように決めましょう。

発音のコツ　子音「d」は舌先を上の歯の後ろに付けて、離しながら、少し強めにまた声調を下げながら発音しましょう。

nǐ yǒu wán méi wán

你有完没完？ いつまで続くのですか。／いいかげんにして。

発音のコツ 「完没完」と第二声が３つ続きますが、最初の「完」を
しっかり声調を上げて発音しましょう。その次の２つは半分下げた後、
また上げて発音するのがコツです。

nǐ xiǎng zěn me yàng

你想怎么样？ どうしたいのですか。

発音のコツ すべてを低く抑えながら、また口をあまり大きく開けす
ぎないように発音しましょう。

nǐ xiǎng shuō shén me

你想说什么？ 何を言いたいのですか。

発音のコツ 「你」は第二声として発音し、その後しっかり低く下げ
て「想」を発音しましょう。また、「xiǎng」は口を大きく開けて発音し
ましょう。

bèi wǒ shuō zhòng le
被我说中了？ 図星でしょう？

発音のコツ 「被」の子音「b」は唇に少し力を入れて強めに発音しましょう。「说」の複合母音「uo」は口の形の変化を意識しながら発音しましょう。「中」の声調は第四声なので、注意しましょう。

———————————　———————————

bié dāng dī tóu zú
别当低头族。 歩きスマホをやめましょう。

発音のコツ 「当」の鼻母音「ang」は口を大きく開けて発音しましょう。「头」の複合母音「ou」は口の形の変化を意識しながら発音しましょう。

———————————　———————————

フレーズの発音を練習しよう

⑤ 基本的な定型フレーズ

CD2 26

　よく使う定型フレーズの言い換えで発音練習をしてみましょう。発音を覚えたら、自分でも書いてみて、簡体字も覚えるようにしましょう。

---

wǒ hē
① **我喝 ＋ 飲み物**　　私は〜を飲みます

---

wǒ hē huā chá
我喝花茶。
私はジャスミン茶を飲みます。

発音のコツ　「hē」の単母音は「e」の発音なので、喉の奥から声を出すように、また母音「i」とはっきりと区別するように気をつけましょう。

_____　_____ ✎

wǒ hē hóng chá
我喝红茶。
私は紅茶を飲みます。

発音のコツ　「红茶」は両方とも第二声ですが、最初の「红」の声調をしっかり高く上げて発音しましょう。その後、半分くらい下げて、上げながら「茶」を発音しましょう。

_____　_____

150

wǒ hē lǜ chá
我喝绿茶。
私は緑茶を飲みます。

発音のコツ　「绿」の単母音「ü」はあまり頻繁には使わない発音ですが、唇は口笛を吹くような形をして少し力を入れて発音しましょう。

wǒ hē wū lóng chá
我喝乌龙茶。
私はウーロン茶を飲みます。

発音のコツ　日本語の「ウーロン茶」の発音としっかり区別するようにしましょう。第二声の「龙」をより発音しやくするために、「乌」はあまり高く上げないで発音しましょう。

wǒ hē kā fēi
我喝咖啡。
私はコーヒーを飲みます。

発音のコツ　「咖啡」は日本語や英語の発音につられないで発音しましょう。「咖」の単母音「a」は口を大きく開けて、口の形を変えないで発音しましょう。

nǐ hē shén me
你喝什么？
あなたは何を飲みますか。

発音のコツ　第一声の「喝」の後に、少し上げる程度で「什」を発音するのがコツです。「什么」はほとんどの場合、それほど強く発音する必要はありません。

wǒ xiǎng hē
② 我想喝 **+ 飲み物** 　私は〜を飲みたいです

wǒ xiǎng hē pí jiǔ
我想喝啤酒。　私はビールを飲みたいです。

発音のコツ 　「想」の複合母音「iang」は低く抑えながら、口を大きく
開けて発音しましょう。「啤」は一気に上げて発音し、その後力を抜い
て「酒」を発音しましょう。

_____　_____

wǒ xiǎng hē zhā pí
我想喝扎啤。　私は生ビールを飲みたいです。

発音のコツ 　口を大きく開けて「扎」を発音した後に、唇をすぐに閉
じて声調を上げながら「啤」を発音しましょう。きちんと第二声の声調
で発音しましょう。

_____　_____

wǒ xiǎng hē hóng jiǔ
我想喝红酒。　私は赤ワインを飲みたいです。

発音のコツ 　「红」の「hong」は日本語の「ホン」の発音の要領で大丈
夫ですが、ただ、声調をきちんと上げて発音しましょう。

_____　_____

wǒ xiǎng hē shāo jiǔ

我想喝烧酒。 私は焼酎を飲みたいです。

発音のコツ 　「烧」の子音「sh」は舌先を少し巻き舌にしたまま発音しましょう。また、複合母音「ao」は口の形の変化を意識しましょう。

wǒ xiǎng hē xiāng bīn

我想喝香槟。 私はシャンパンを飲みたいです。

発音のコツ 　「香槟」は同じ高さの声調で発音しましょう。最後の鼻母音「in」は伸ばさずにスパッと終わるように発音しましょう。

nǐ xiǎng hē shén me

你想喝什么？ あなたは何を飲みたいですか。

発音のコツ 　「什么」は軽く、特に「么」は閉じた口を少し開けるイメージで発音するのがコツです。

CD2 28

wǒ chī
③ 我吃 ＋ 食べ物　　　私は〜を食べます

wǒ chī jiǎo zi
我吃饺子。　　　私はギョウザを食べます。

発音のコツ　「吃」の子音「ch」は、ほんの少し巻き舌にしたまま、舌先と前歯のところを意識して発音しましょう。その後、低く抑えながら「饺」をやや長めに、「子」を軽く短く発音しましょう。

wǒ chī bāo zi
我吃包子。　　　私は肉まんを食べます。

発音のコツ　「吃包子」は声調を変化させずに、同じ高さで発音しましょう。「子」は軽く「zi」という感覚で発音しましょう。唇をやや左右に開いて発音しましょう。

wǒ chī chǎo fàn
我吃炒饭。　　　私はチャーハンを食べます。

発音のコツ　「炒」は少し巻き舌にしたまま、複合母音「ao」を発音し、その後、素早く声調を下げて「饭」を発音しましょう。

wǒ chī lā miàn

我吃拉面。

私はラーメンを食べます。

発音のコツ 「拉」は日本語の「ラー」と同じ要領で発音した後、すぐに唇を閉じてまた開けて「面」を発音しましょう。「an」をしっかり発音しましょう。

wǒ chī xiǎo lóng bāo

我吃小笼包。

私はショーロンポウを食べます。

発音のコツ 低く抑えた第三声「小」の後に、その低い状態から声調を上げて、「低い→高い」という過程を意識しながら発音しましょう。

nǐ chī shén me

你吃什么?

あなたは何を食べますか。

発音のコツ 第一声「吃」の後に、少しだけ声調を上げて、軽く「什么」を発音しましょう。

wǒ xiǎng chī
④ 我想吃 ＋ 食べ物　私は〜を食べたいです

wǒ xiǎng chī rì cān
我想吃日餐。　私は日本料理を食べたいです。

発音のコツ　「日」の子音「r」は舌先をほんの少し巻き舌にしたまま、口の上部に付かないように発音しましょう。その後、舌先を意識しながら「餐」を発音しましょう。

wǒ xiǎng chī zhōng cān
我想吃中餐。　私は中華料理を食べたいです。

発音のコツ　「中」の鼻母音「ong」は喉の奥から声を出して、鼻から抜けるようなイメージで発音しましょう。「中餐」は同じ高さで発音しましょう。

wǒ xiǎng chī xī cān
我想吃西餐。　私は洋食を食べたいです。

発音のコツ　「西」の子音「x」は舌先を下の歯の裏に付けて、口をやや左右に開いて発音し、そのまま口を少し開けて「餐」を発音しましょう。

wǒ xiǎng chī huǒ guō

我想吃火锅。 私は鍋料理を食べたいです。

発音のコツ　複合母音「uo」が2回連続して出てきますが、1回目の「火」は「u」→「o」という口の形の変化を意識しながら発音しましょう。2回目の「锅」は1回目の半分くらいの変化で大丈夫です。

wǒ xiǎng chī hǎi xiān

我想吃海鲜。 私は海鮮料理を食べたいです。

発音のコツ　「海」の複合母音「ai」を発音した後に、口の形をそのままキープして、「鲜」をはっきりと発音しましょう。

nǐ xiǎng chī shén me

你想吃什么？ あなたは何が食べたいですか。

発音のコツ　「想」と「吃」を比較的はっきりと発音しましょう。

wǒ xǐ huan
⑤ 我喜欢 ＋ 好きなこと　私は〜が好きです

wǒ xǐ huan gòu wù
我喜欢购物。　私はショッピングが好きです。

発音のコツ　複合母音「uan」は唇を尖らせて、きちんと「u」の形を作って、「u」→「an」という口の形の変化を意識しながら発音しましょう。「欢」は軽声なので、軽く短く、実際は「u」→「a」のイメージで発音しましょう。

wǒ xǐ huan lǚ yóu
我喜欢旅游。　私は旅行が好きです。

発音のコツ　「旅」の単母音「ü」は口笛を吹くような口の形を整えてから発音しましょう。

wǒ xǐ huan sàn bù
我喜欢散步。　私は散歩が好きです。

発音のコツ　「散」の鼻母音「an」は口を開けて発音しますが、その後、すぐに口を閉じて声調を下げて「步」を発音しましょう。

wǒ xǐ huan kàn diàn yǐng

我喜欢看电影。 私は映画を見るのが好きです。

発音のコツ 「**看电**」は口の形は基本的に同じです。「**影**」は日本語の「イーン」のイメージで、途中で口の形を変えないで発音するのがコツです。

_____   _____

wǒ xǐ huan kàn hán jù

我喜欢看韩剧。 私は韓国ドラマを見るのが好きです。

発音のコツ 「**看韩剧**」は声調をしっかり下げて、また一気に上げて、また半分下げるイメージで発音しましょう。「**剧**」の「**u**」は「**ü**」なので、口の形に気をつけましょう。

_____   _____

nǐ xǐ huan shén me

你喜欢什么? あなたは何が好きですか。

発音のコツ このフレーズの中で最もはっきりと聞こえるのは「**喜**」であって、低く抑えていてもはっきりと発音しましょう。

_____   _____

●著者紹介

王 丹　Wang Dan

北京生まれ。1984年、北京第二外国語学院日本語科卒業。1992年、大分大学大学院経済学科修士課程修了。1995年よりNHK報道局「チャイナ・ナウ」番組の直属通訳、NHKスペシャル、衛星ハイビジョン特集番組「アジア・ナウ」番組の通訳を経て、2001年4月より国士舘大学非常勤講師。

主な著書：『新ゼロからスタート中国語　文法編』『新ゼロからスタート中国語　文法応用編』『新ゼロからスタート中国語　会話編』『新ゼロからスタート中国語単語　BASIC1000』（Jリサーチ出版）など

カバーデザイン	滝デザイン事務所
本文デザイン／DTP	アレマ
カバーイラスト	みうらもも
本文イラスト	みうらもも／田中斉
編集協力	Paper Dragon LLC
CD録音・編集	一般財団法人 英語教育協議会（ELEC）
ナレーター	李洵／凌慶成／水月優希
CD制作	高速録音株式会社

本書へのご意見・ご感想は下記URLまでお寄せください。
https://www.jresearch.co.jp/contact/

新ゼロからスタート中国語　発音編

令和3年（2021年）6月10日　　初版第1刷発行
令和4年（2022年）3月10日　　　第2刷発行

著　者　　王 丹
発行人　　福田富与
発行所　　有限会社　Jリサーチ出版
　　　　　〒166-0002 東京都杉並区高円寺北2-29-14-705
　　　　　電　話 03(6808)8801(代)　FAX 03(5364)5310
　　　　　編集部 03(6808)8806
　　　　　https://www.jresearch.co.jp
印刷所　　(株)シナノ パブリッシング プレス